Sérénité au Travail : Un Guide Pratique pour Gérer le Stress et Épanouir Votre Carrière

Introduction
- L'importance de la gestion du stress en milieu professionnel
- La promesse du livre : fournir des outils pratiques pour mieux gérer le stress au travail
- Un message de bienveillance envers le lecteur

Chapitre 1 : Comprendre le Stress en Milieu de Travail
- Définition du stress en contexte professionnel
- Les causes courantes du stress au travail
- Les conséquences du stress sur la santé et la performance
- L'impact du stress sur la vie personnelle

Chapitre 2 : Les Bases de la Gestion du Stress
- L'importance de la prise de conscience
- Identifier les signes de stress
- L'importance de l'équilibre entre stress positif et négatif
- Le lien entre stress et émotions

Chapitre 3 : Établir des Fondations Solides
- L'importance de la planification et de l'organisation
- Fixer des objectifs réalistes
- La gestion du temps et des priorités
- La communication efficace

Chapitre 4 : La Gestion des Émotions
- L'importance de la régulation émotionnelle
- Techniques de gestion émotionnelle
- Gérer la colère, la frustration et l'anxiété au travail
- Cultiver la résilience émotionnelle

Chapitre 5 : La Gestion des Relations Interpersonnelles
- L'impact des relations de travail sur le stress
- Les conflits et la communication difficile
- Techniques de communication positive
- Le soutien social au travail

Chapitre 6 : La Gestion Physique du Stress
- L'importance de la santé physique au travail
- L'activité physique pour réduire le stress
- Le sommeil et la nutrition
- La relaxation et la méditation

Chères lectrices, chers lecteurs,

Au cours des dernières décennies, le monde du travail a connu des évolutions profondes et rapides. Les pressions pour performer, s'adapter aux changements, et maintenir un équilibre entre vie professionnelle et personnelle sont devenues des défis incontournables de notre époque. En conséquence, la gestion du stress en milieu professionnel est devenue une compétence cruciale pour quiconque aspire à s'épanouir au travail.

En tant que psychologue du travail, j'ai eu le privilège d'observer de près les défis que de nombreuses personnes rencontrent au sein de leur environnement professionnel. Le stress lié au travail peut prendre diverses formes : les délais serrés, les conflits interpersonnels, les changements organisationnels, et bien d'autres sources de tension. Ces défis peuvent avoir un impact significatif sur notre bien-être, notre santé mentale, notre satisfaction au travail, et ultimement, sur notre qualité de vie globale.

Le stress en milieu professionnel ne doit pas être sous-estimé. Il peut entraîner une multitude de problèmes, allant de l'épuisement professionnel au burn-out, en passant par l'anxiété et la dépression. Il peut également affecter nos relations personnelles et notre capacité à profiter pleinement de la vie en dehors du bureau.

Toutefois, il est essentiel de souligner que le stress n'est pas nécessairement un ennemi. En fait, un certain niveau de stress peut être bénéfique, nous poussant à relever des défis et à atteindre nos objectifs. Le véritable enjeu réside dans notre capacité à gérer ce stress de manière saine et constructive. C'est là que ce livre entre en jeu.

Ce livre a pour ambition de vous offrir une ressource précieuse et pratique pour aborder le stress en milieu professionnel d'une manière nouvelle et efficace. Vous êtes ici parce que vous recherchez des réponses, des solutions, et des moyens d'appréhender le stress qui peut parfois sembler écrasant.

La promesse que je fais à travers ces pages est simple mais puissante : je vais vous fournir des outils concrets, des stratégies applicables, et des conseils personnalisés pour vous aider à mieux gérer le stress au travail, quel que soit votre domaine d'activité. Ces outils ont été développés grâce à des années d'expérience en psychologie du travail et à la collaboration avec des individus comme vous, confrontés aux défis du monde professionnel.

Vous découvrirez des méthodes éprouvées pour :

1. Identifier et Comprendre Votre Stress : Vous apprendrez à reconnaître les signes de stress spécifiques qui vous affectent et à en comprendre les origines. En comprenant mieux votre propre stress, vous serez mieux préparé(e) à le gérer.

2. Développer des Stratégies de Gestion Émotionnelle :Vous explorerez des techniques pour gérer vos émotions, réduire l'anxiété, et maintenir un état d'esprit positif même lorsque la pression est forte.

3. Améliorer Vos Relations Professionnelles : Nous aborderons des moyens de gérer les relations interpersonnelles au travail, de résoudre les conflits, et favoriser un environnement de travail positif.

4. Prendre Soin de Votre Santé Physique : Vous découvrirez comment votre bien-être physique est lié à votre capacité à gérer le stress, et comment adopter des habitudes de vie saines peut vous aider à rester résilient(e).

5. Faire Face à des Situations de Stress Particulières : Nous examinerons des scénarios spécifiques, tels que les délais serrés, la pression hiérarchique, les changements organisationnels, et comment les aborder de manière proactive.

6. Créer un Environnement de Travail Sain : Vous comprendrez l'importance de la culture d'entreprise et comment vous pouvez contribuer à créer un milieu de travail qui favorise la réduction du stress.

En fin de compte, ce livre est conçu pour vous armer de connaissances et de compétences qui vous permettront de reprendre le contrôle de votre expérience professionnelle. Vous n'êtes pas impuissant(e) face au stress en milieu professionnel, et je suis ici pour vous montrer la voie vers une gestion plus saine et plus efficace de ces défis.

Je vous invite à vous plonger dans ces pages avec l'esprit ouvert, prêt(e) à explorer de nouvelles approches pour gérer le stress au travail. Ensemble, nous allons travailler à créer un environnement professionnel plus serein et épanouissant.

# Chapitre 1 : Comprendre le Stress en Milieu de Travail

Ce premier chapitre marque le début de notre voyage pour mieux comprendre et gérer le stress en milieu de travail. Avant de plonger dans les stratégies de gestion, il est essentiel de poser les fondements en comprenant ce qu'est le stress en contexte professionnel.

Le stress au travail est une réalité incontournable pour la plupart d'entre nous. Il se manifeste lorsque les exigences de notre emploi dépassent nos ressources pour y faire face. Contrairement à une simple pression liée aux défis professionnels, le stress devient problématique lorsque nous ressentons une tension excessive et persistante, entraînant des réactions physiques et émotionnelles.

## Les causes courantes du stress au travail

Les sources de stress en milieu professionnel sont nombreuses et variées. Les délais serrés, les charges de travail excessives, les conflits interpersonnels, la pression pour atteindre des objectifs, les changements organisationnels, la mobilité professionnelle, et bien d'autres facteurs peuvent contribuer à la montée du stress.

Nous allons explorer en détail ces causes courantes, car une compréhension approfondie de leur origine est la première étape pour les gérer efficacement. Vous découvrirez que la gestion du stress ne se résume pas à éviter ces facteurs de stress, mais plutôt à développer des compétences pour y faire face de manière proactive.

## Les conséquences du stress sur la santé et la performance

Il est crucial de reconnaître que le stress en milieu professionnel ne se limite pas à une simple sensation d'inconfort. Ses conséquences peuvent avoir un impact profond sur notre santé physique et mentale, ainsi que sur notre performance au travail.

Le stress chronique peut entraîner une série de problèmes de santé, allant de l'insomnie à l'hypertension, en passant par la dépression et l'anxiété. Il peut également nuire à notre capacité à prendre des décisions judicieuses, à maintenir notre concentration, et à être créatif dans notre travail.

## L'impact du stress sur la vie personnelle

Enfin, nous aborderons l'impact du stress en milieu de travail sur notre vie personnelle. Le stress ne se limite pas aux heures de bureau ; il peut se propager et influencer notre bien-être à la maison, nos relations familiales et sociales, et même notre épanouissement personnel.

Comprendre cet impact sur la vie personnelle est essentiel, car il souligne l'importance de la gestion du stress en tant que compétence de vie globale. En apprenant à mieux gérer le stress au travail, vous améliorerez non seulement votre expérience professionnelle, mais vous contribuerez également à une meilleure qualité de vie dans tous les domaines.

Ce chapitre posera les bases nécessaires pour explorer les outils et les stratégies pratiques qui seront présentés tout au long de ce livre. Je vous encourage à rester ouvert(e) à la compréhension du stress en milieu de travail, car cette connaissance sera la clé pour surmonter ces défis avec succès.

Définition du stress en contexte professionnel

Nous entamons notre exploration du stress en milieu de travail en définissant ce concept essentiel. Comprendre précisément ce qu'est le stress dans un contexte professionnel nous permettra de mieux cerner ses mécanismes et de développer des stratégies efficaces pour le gérer.

Le stress au travail peut être défini comme une réponse physique et émotionnelle à des pressions ou à des demandes qui dépassent nos ressources pour y faire face. Il se manifeste lorsque nous percevons un déséquilibre entre ce qui nous est demandé et nos capacités à répondre à ces demandes.

Prenons un exemple concret : imaginez un gestionnaire de projet devant respecter un délai très serré pour la livraison d'un projet important. Les attentes de son supérieur sont élevées, les ressources sont limitées, et l'échéance approche rapidement. Le gestionnaire de projet ressent une pression constante pour assurer la réussite du projet dans les délais impartis. C'est précisément dans cette situation que le stress professionnel peut surgir.

Il est important de noter que le stress en milieu de travail ne se limite pas aux situations d'urgence ou aux périodes particulièrement chargées. Il peut être présent de manière plus subtile et quotidienne. Par exemple, un employé confronté à des tâches répétitives et monotones, qui ne perçoit aucune opportunité de progression, peut également éprouver du stress au travail. Dans ce cas, le stress peut résulter de l'ennui et de la frustration liés à une routine démotivante.

Le stress peut également être induit par des facteurs externes tels que les relations tendues avec des collègues, la crainte de perdre son emploi en période de réduction d'effectifs, ou encore des changements constants au sein de l'entreprise, comme des fusions ou des restructurations.

Chaque individu réagit différemment au stress, en fonction de sa personnalité, de son expérience, et de ses ressources personnelles. Certains peuvent être plus résilients et capables de gérer le stress de manière plus efficace, tandis que d'autres peuvent se sentir rapidement dépassés par les mêmes pressions.

Au fil des prochains chapitres, nous approfondirons notre compréhension du stress en milieu professionnel en examinant plus en détail ses causes, ses manifestations et ses conséquences. Nous explorerons également des stratégies pratiques pour le gérer de manière constructive et réduire son impact sur notre bien-être et notre performance au travail.

Les causes courantes du stress au travail

Maintenant que nous avons défini le stress en milieu de travail, concentrons-nous sur les nombreuses causes qui peuvent déclencher ce phénomène dans notre vie professionnelle. Comprendre ces facteurs est essentiel pour identifier les sources potentielles de stress et développer des stratégies de gestion adaptées.

1. Les délais serrés : Les échéances strictes sont monnaie courante dans le monde du travail. Imaginez un journaliste chargé de rédiger un article de fond dans un court laps de temps pour répondre à une date limite de publication. La pression temporelle intense peut rapidement engendrer du stress, notamment si les ressources et le soutien nécessaires font défaut.

2. Les charges de travail excessives : Un volume de travail démesuré peut être écrasant. Prenez l'exemple d'un enseignant qui doit gérer une classe surchargée et préparer des cours tout en répondant à de nombreuses demandes administratives. Cette situation peut rapidement entraîner une accumulation de tâches, engendrant du stress au fil du temps.

3. La pression pour atteindre des objectifs : Imaginez un vendeur dont les performances sont étroitement surveillées et qui doit constamment dépasser des quotas de vente. La pression pour atteindre ces objectifs peut créer un climat de stress, car le maintien de ces normes élevées devient une source de préoccupation constante.

4. Les conflits interpersonnels : Les désaccords avec des collègues, des supérieurs hiérarchiques, ou des subordonnés peuvent être une source majeure de stress. Par exemple, dans une équipe de travail, des tensions non résolues entre deux collègues peuvent créer un climat de travail tendu, affectant l'ensemble de l'équipe.

5. Les changements organisationnels : Les réorganisations, les fusions, les changements de direction, ou les licenciements peuvent générer de l'incertitude et de l'anxiété. Prenons le cas d'une entreprise en pleine restructuration. Les employés peuvent craindre pour leur sécurité d'emploi et s'inquiéter des implications de ces changements sur leurs rôles actuels.

6. La mobilité professionnelle : Les déplacements fréquents ou les responsabilités liées à un emploi nécessitant des voyages constants peuvent également entraîner du stress. Un consultant en management qui passe la majeure partie de son temps à l'étranger peut être confronté à des défis liés à l'adaptation à de nouveaux environnements de travail et à la gestion de l'éloignement de sa famille.

Chacun de ces exemples illustre comment les facteurs de stress peuvent varier en fonction du poste, de l'industrie et de la personnalité de l'individu. En identifiant les causes spécifiques du stress dans votre situation professionnelle, vous pourrez prendre des mesures pour les gérer de manière proactive, ce qui sera au cœur de notre exploration dans les chapitres à venir.

Les conséquences du stress sur la santé et la performance

Après avoir examiné les causes courantes du stress au travail, il est essentiel de comprendre les répercussions que le stress peut avoir sur notre santé physique et mentale, ainsi que sur notre performance professionnelle. Cela nous aidera à prendre pleinement conscience de l'importance de la gestion du stress en milieu de travail.

Impact sur la santé physique :

Le stress chronique, lorsqu'il n'est pas géré adéquatement, peut avoir un impact dévastateur sur notre santé physique. Reprenons l'exemple du gestionnaire de projet confronté à un délai serré. Les niveaux élevés de stress peuvent déclencher une cascade de réactions physiologiques, notamment l'augmentation de la production de cortisol, l'hormone du stress. Cette réponse du corps peut conduire à des conséquences telles que :

- L'hypertension artérielle : Le stress prolongé peut contribuer à l'augmentation de la tension artérielle, augmentant ainsi le risque de problèmes cardiovasculaires.

- Les troubles gastro-intestinaux : Le stress peut perturber le système digestif, entraînant des maux d'estomac, des troubles intestinaux et des ulcères.

- Les problèmes de sommeil : L'insomnie est fréquemment associée au stress chronique. Un sommeil de mauvaise qualité peut aggraver le stress, créant ainsi un cercle vicieux.

- La suppression du système immunitaire : Le stress prolongé affaiblit notre système immunitaire, nous rendant plus vulnérables aux infections et aux maladies.

Impact sur la santé mentale :

Outre les conséquences physiques, le stress en milieu de travail peut également affecter notre santé mentale. Imaginons une personne confrontée à des conflits interpersonnels constants au bureau. Cette situation stressante peut entraîner des répercussions telles que :

- L'anxiété : Les préoccupations liées au travail et aux conflits peuvent déclencher ou aggraver les troubles anxieux.

- La dépression : Le stress chronique peut contribuer au développement de la dépression, affectant ainsi notre humeur et notre motivation.

- L'épuisement professionnel (burn-out) : Le stress au travail non géré peut conduire à l'épuisement professionnel, caractérisé par l'épuisement physique et émotionnel, la désillusion et la perte de motivation.

Impact sur la performance au travail :

Le stress peut également influencer notre performance professionnelle. Reprenons l'exemple du vendeur soumis à une pression constante pour atteindre des objectifs de vente élevés. Les effets du stress sur la performance peuvent inclure :

- Des erreurs fréquentes : Le stress peut entraîner des erreurs d'attention et de jugement, ce qui peut avoir des conséquences coûteuses pour l'entreprise.

- La diminution de la créativité : Les individus stressés ont souvent du mal à générer des idées créatives et innovantes.

- La baisse de la productivité : Le stress peut entraîner une diminution de la concentration et de la motivation, ce qui peut ralentir le rythme de travail.

- Les conflits interpersonnels : Les tensions liées au stress peuvent entraîner des conflits au sein de l'équipe, nuisant à la collaboration et à l'efficacité collective.

Comprendre ces conséquences du stress est essentiel pour prendre conscience de l'importance de la gestion du stress en milieu professionnel. Dans les chapitres suivants, nous explorerons des stratégies concrètes pour prévenir et gérer le stress, en veillant à préserver notre santé physique et mentale tout en optimisant notre performance au travail.

L'impact du stress sur la vie personnelle

Nous avons jusqu'à présent exploré en profondeur les causes et les conséquences du stress en milieu de travail. Toutefois, il est important de reconnaître que le stress professionnel ne se limite pas à l'enceinte du bureau. Ses effets peuvent s'étendre bien au-delà, affectant notre vie personnelle de multiples manières. Prenons un moment pour comprendre cet impact.

Relations familiales et sociales :

Imaginez une personne qui travaille de longues heures, sous une pression constante, et qui ramène régulièrement du stress à la maison. Cette tension peut se répercuter sur les relations familiales. Des disputes fréquentes, une irritabilité accrue et un manque de disponibilité émotionnelle peuvent en découler. Les relations avec les partenaires, les enfants, et les amis peuvent être mises à rude épreuve.

Qualité de vie :

Le stress au travail peut également empiéter sur notre qualité de vie personnelle. Prenons l'exemple d'un individu qui passe de longues heures au bureau, laissant peu de temps pour les activités qu'il aime. Le stress peut entraîner une réduction de la participation à des loisirs, du temps de repos, et du temps consacré à des passions personnelles. Cela peut engendrer une diminution du bien-être général et du plaisir de vivre.

La santé physique et le bien-être :

Les effets du stress en milieu professionnel peuvent également se faire ressentir physiquement en dehors du travail. Imaginons quelqu'un qui, à cause du stress, adopte de mauvaises habitudes de vie, comme une alimentation déséquilibrée ou la consommation excessive d'alcool. Ces comportements peuvent contribuer à des problèmes de santé à long terme, tels que l'obésité, le diabète ou les maladies cardiaques.

La gestion du temps :

Le stress peut rendre difficile la gestion du temps personnel. Les personnes constamment submergées par des demandes professionnelles urgentes ont parfois du mal à organiser leur emploi du temps pour répondre aux besoins de leur vie personnelle. Cela peut engendrer un sentiment de déséquilibre et de frustration.

L'estime de soi :

Enfin, l'impact du stress en milieu de travail sur la vie personnelle peut s'étendre à l'estime de soi. Lorsque le stress au travail affecte négativement la performance professionnelle ou entraîne des conflits avec les collègues, l'estime de soi peut être ébranlée. Cette diminution de la confiance en soi peut avoir des répercussions sur la vie personnelle en général.

Il est donc clair que la frontière entre le travail et la vie personnelle est souvent poreuse, et que le stress professionnel peut avoir des répercussions profondes dans notre sphère personnelle. Dans les chapitres suivants, nous examinerons des stratégies pour minimiser cet impact, en nous efforçant de préserver notre bien-être et notre qualité de vie globale. La gestion du stress en milieu professionnel est une compétence cruciale non seulement pour notre carrière, mais aussi pour notre épanouissement personnel et nos relations avec nos proches.

Bienvenue dans le chapitre 2 de notre voyage pour mieux comprendre et gérer le stress en milieu de travail. Ce chapitre est un pilier fondamental, car il jettera les bases nécessaires pour développer des compétences de gestion du stress efficaces.

L'importance de la prise de conscience

La première étape essentielle dans la gestion du stress est la prise de conscience. Il est impossible de gérer efficacement le stress si nous ne comprenons pas son origine et son impact sur notre vie. Nous allons explorer comment prendre conscience de notre propre stress, identifier les signes révélateurs, et développer une compréhension approfondie de ce qui nous affecte.

Identifier les signes de stress

Comme pour toute bataille, la connaissance de l'ennemi est cruciale. Imaginez que vous vous trouviez au volant d'une voiture, et que le témoin du moteur s'allume pour indiquer un problème potentiel. Ignorer ce témoin ne ferait qu'aggraver la situation. De même, dans notre vie, il est impératif d'apprendre à reconnaître les signes de stress avant qu'ils ne s'intensifient et ne nuisent à notre bien-être. Nous découvrirons comment ces signaux se manifestent dans notre corps et notre esprit.

L'importance de l'équilibre entre stress positif et négatif

Le stress n'est pas un ennemi à éliminer complètement de notre vie. Au contraire, un certain niveau de stress, que l'on appelle "stress positif" ou "eustress", peut être bénéfique et motivant. Dans ce chapitre, nous explorerons l'importance de l'équilibre entre le stress positif qui nous pousse à atteindre nos objectifs et le stress négatif qui peut avoir des conséquences néfastes.

Le lien entre stress et émotions

Enfin, nous aborderons le lien profond entre le stress et nos émotions. Les émotions sont une partie intrinsèque de notre expérience humaine, et elles peuvent être intensément influencées par le stress. Comprendre comment le stress interagit avec nos émotions est une clé essentielle pour développer une gestion émotionnelle efficace, un élément central de la gestion du stress.

Ce chapitre jettera les bases nécessaires pour le voyage qui nous attend. La prise de conscience, l'identification des signes de stress, la recherche de l'équilibre entre stress positif et négatif, ainsi que la compréhension des liens entre le stress et les émotions sont des éléments clés pour devenir un gestionnaire du stress habile et résilient. Vous êtes sur le point d'acquérir des compétences qui vous aideront à naviguer avec succès à travers les défis du monde professionnel tout en préservant votre bien-être mental et physique.

L'importance de la prise de conscience

Dans ce chapitre, nous aborderons l'un des piliers fondamentaux de la gestion du stress en milieu de travail : la prise de conscience. La première étape vers une gestion efficace du stress consiste à développer une compréhension approfondie de notre propre stress, de ses origines et de ses conséquences.

Comprendre le stress à travers la prise de conscience

Imaginez-vous dans une forêt dense, sans boussole ni carte. Vous avez du mal à trouver votre chemin, car vous ne savez pas où vous vous trouvez, ni quelle direction prendre. C'est un peu comme vivre le stress sans prise de conscience. Le stress peut devenir un labyrinthe complexe et déroutant si nous ne prenons pas le temps de comprendre ses mécanismes.

La prise de conscience commence par l'observation de soi-même. Cela signifie porter une attention particulière à nos pensées, nos émotions, nos réactions physiques et nos comportements face aux situations stressantes. Il s'agit de prendre du recul et de se demander : "Comment est-ce que je réagis face au stress ? Quels sont les déclencheurs spécifiques qui me font ressentir du stress ?"

Exemple : L'observateur de son propre stress

Prenons l'exemple de Sarah, une gestionnaire de projet dans une entreprise de technologie. Elle a récemment remarqué qu'elle se sentait constamment stressée et qu'elle avait du mal à dormir la nuit. En se penchant sur son stress, elle a commencé à noter les moments où elle se sentait particulièrement tendue. Elle a remarqué que les réunions de gestion de projet tendaient à déclencher son stress, surtout lorsqu'il y avait des désaccords entre les membres de l'équipe.

En prenant conscience de ces déclencheurs spécifiques, Sarah a pu commencer à élaborer des stratégies pour mieux gérer son stress. Elle a appris à anticiper ces moments stressants, à pratiquer la relaxation avant les réunions, et à communiquer plus efficacement avec son équipe pour éviter les conflits. Cette prise de conscience a été le point de départ de sa transformation vers une gestion plus saine du stress.

L'importance de la réflexion

La réflexion sur notre stress nous permet de mieux comprendre pourquoi nous réagissons de certaines manières face à des situations stressantes. Elle nous donne également l'opportunité d'identifier les schémas de pensée négatifs ou les croyances limitantes qui peuvent aggraver notre stress. En prenant conscience de ces schémas, nous pouvons commencer à les remettre en question et à les remplacer par des pensées plus constructives.

La prise de conscience n'est pas un processus instantané, mais plutôt un voyage continu. Plus nous nous observons avec bienveillance, plus nous sommes en mesure de développer des stratégies de gestion du stress qui sont adaptées à notre réalité individuelle. Dans les sections suivantes de ce chapitre, nous explorerons comment identifier les signes spécifiques de stress, comment maintenir un équilibre sain entre le stress positif et négatif, et comment comprendre le lien profond entre le stress et nos émotions. Ce voyage vers la gestion du stress est une démarche personnelle de découverte et d'amélioration continue, et je vous encourage à l'entreprendre avec ouverture et bienveillance envers vous-même.

Identifier les signes de stress

Maintenant que nous avons discuté de l'importance de la prise de conscience dans la gestion du stress, explorons comment identifier les signes révélateurs de stress. Reconnaître ces signaux est une étape cruciale pour mieux comprendre comment le stress nous affecte et agir de manière proactive pour le gérer.

Signes physiques de stress :

Le stress peut se manifester de manière très tangible dans notre corps. Il est essentiel de savoir identifier ces signes physiques, car ils sont souvent les premiers à se manifester. Parmi les signaux physiques de stress, on peut citer :

- Tensions musculaires : Les épaules tendues, la mâchoire serrée ou les maux de dos peuvent être des indications de stress accumulé. Reprenons l'exemple de Sarah, la gestionnaire de projet. Elle a remarqué que ses épaules étaient souvent crispées lors des réunions stressantes.

- Problèmes digestifs : Le stress peut perturber le système digestif, provoquant des douleurs à l'estomac, des ballonnements, ou des troubles intestinaux. Ces symptômes peuvent survenir en réponse à des situations stressantes au travail, comme des délais serrés.

-Troubles du sommeil : L'insomnie, les difficultés à s'endormir ou les réveils fréquents pendant la nuit sont des signes courants de stress. Si vous vous réveillez le matin en vous sentant fatigué malgré une nuit de sommeil, le stress pourrait en être la cause.

Signes émotionnels de stress :

Le stress peut également avoir un impact profond sur nos émotions. Il peut amplifier nos réponses émotionnelles aux situations stressantes. Parmi les signes émotionnels de stress, on peut noter :

- Irritabilité : Vous pourriez devenir plus irritable ou réagir de manière exagérée à des situations qui ne vous auraient pas dérangé normalement. Par exemple, une simple remarque d'un collègue peut vous mettre en colère.

- Anxiété : L'anxiété est une réaction fréquente au stress. Vous pourriez vous sentir constamment inquiet ou appréhensif par rapport à l'avenir. Par exemple, un projet majeur à venir pourrait générer de l'anxiété.

- Dépression : Un stress prolongé non géré peut évoluer en dépression. Vous pourriez ressentir un profond sentiment de tristesse, de désespoir ou de désintérêt pour les activités que vous aimez. Par exemple, si le stress au travail devient accablant, il pourrait contribuer à des sentiments dépressifs.

Signes cognitifs de stress :

Le stress peut également influencer notre pensée et notre capacité à prendre des décisions. Parmi les signes cognitifs de stress, on peut citer :

- Difficulté de concentration : Vous pourriez avoir du mal à vous concentrer sur des tâches importantes. Vous pourriez vous sentir constamment distrait, ce qui pourrait affecter votre productivité.

- Pensées négatives : Le stress peut générer des pensées négatives et autocritiques. Vous pourriez vous blâmer pour des erreurs mineures ou imaginer des scénarios catastrophiques. Par exemple, si vous êtes confronté à des critiques au travail, vous pourriez commencer à remettre en question vos compétences.

- Indécision : Les personnes stressées ont parfois du mal à prendre des décisions, même les plus simples. Vous pourriez vous sentir paralysé par le doute, craignant de prendre la mauvaise décision.

Il est important de noter que ces signes de stress peuvent varier d'une personne à l'autre, et que certains peuvent être plus prédominants que d'autres. En identifiant ces signaux chez vous-même, vous pouvez prendre des mesures pour atténuer le stress avant qu'il ne s'aggrave. Dans les sections suivantes de ce chapitre, nous examinerons comment maintenir un équilibre sain entre le stress positif et négatif, et comment comprendre le lien profond entre le stress et nos émotions. L'objectif ultime est de vous armer de compétences pour gérer le stress de manière proactive et constructive.

L'importance de l'équilibre entre stress positif et négatif

Dans ce chapitre, nous avons déjà exploré l'importance de la prise de conscience et comment identifier les signes de stress. Maintenant, concentrons-nous sur un aspect crucial de la gestion du stress : l'équilibre entre le stress positif et négatif.

Comprendre le stress positif :

Tout d'abord, il est important de reconnaître que le stress n'est pas nécessairement nocif en soi. En fait, il existe une forme de stress connue sous le nom de "stress positif" ou "eustress" qui peut être bénéfique. Le stress positif survient lorsque nous sommes confrontés à des défis stimulants qui nous poussent à nous dépasser. Il peut nous motiver, nous aider à rester alertes et concentrés, et favoriser notre croissance personnelle et professionnelle.

Exemple : Le stress positif au travail

Prenons l'exemple d'un artiste qui prépare une exposition majeure de ses œuvres. Bien que le processus puisse être exigeant, il est également source de passion et d'excitation. L'artiste peut ressentir une pression positive pour créer des œuvres exceptionnelles, ce qui l'incite à donner le meilleur de lui-même. Ce type de stress peut donner lieu à des réalisations remarquables.

Le déséquilibre entre stress positif et négatif :

Cependant, le problème survient lorsque le stress positif est déséquilibré par le stress négatif. Le stress négatif, également appelé "distress", est le type de stress qui survient lorsque nous nous sentons submergés, anxieux ou dépassés par des situations stressantes. Ce déséquilibre peut être préjudiciable à notre bien-être mental et physique.

Exemple : Le déséquilibre entre stress positif et négatif

Revenons à Sarah, la gestionnaire de projet. Elle a toujours aimé les défis professionnels et a souvent recherché des projets stimulants. Cependant, au fil du temps, la pression constante due à des délais serrés et à des attentes élevées a commencé à créer un déséquilibre. Le stress positif initial de la résolution de problèmes a été progressivement éclipsé par le stress négatif de la surcharge de travail. Cette situation a eu un impact négatif sur sa santé et son bien-être.

Trouver l'équilibre :

La clé réside donc dans la recherche d'un équilibre entre ces deux formes de stress. Nous devons nous efforcer de maintenir un niveau de stress positif qui nous stimule tout en développant des compétences pour gérer le stress négatif lorsqu'il survient.

Pour y parvenir, il est important de mettre en place des stratégies de gestion du stress qui nous aident à identifier quand le stress devient excessif et à prendre des mesures pour le réduire. Cela peut inclure des techniques de relaxation, la gestion du temps, la communication efficace, et la recherche de soutien lorsque cela est nécessaire.

Dans les sections suivantes de ce chapitre, nous explorerons le lien profond entre le stress et nos émotions, ainsi que des stratégies pratiques pour équilibrer ces deux types de stress. La compréhension de cet équilibre est essentielle pour une gestion du stress efficace et pour maintenir un bien-être global dans notre vie professionnelle et personnelle.

Le lien entre stress et émotions

Dans ce dernier volet du chapitre sur les bases de la gestion du stress, explorons le lien profond qui existe entre le stress et nos émotions. Comprendre ce lien est essentiel pour développer une gestion émotionnelle efficace, un élément central de la gestion du stress.

Le rôle des émotions dans la réponse au stress :

Les émotions sont une partie inextricable de notre expérience humaine. Elles influencent notre comportement, nos réactions et nos interactions avec le monde qui nous entoure. Le stress peut fortement moduler nos émotions, et nos émotions peuvent, à leur tour, amplifier ou atténuer notre réponse au stress.

Exemple : Le rôle des émotions dans la gestion du stress

Imaginons une situation stressante au travail : une présentation importante devant un public. Cette situation peut générer un mélange d'émotions, notamment de l'anxiété, de l'excitation, et même de la peur. Si nous appréhendons la présentation avec une perspective négative, notre anxiété peut augmenter, ce qui peut affecter notre performance.

Cependant, si nous parvenons à canaliser ces émotions, à les comprendre et à les utiliser de manière constructive, elles peuvent devenir des alliées. L'excitation peut nous donner de l'énergie pour bien performer, et l'anxiété peut nous rendre plus alertes et attentifs aux détails importants.

Le rôle de la gestion émotionnelle :

La gestion du stress implique donc également la gestion de nos émotions. Cela signifie apprendre à reconnaître, accepter et réguler nos émotions de manière saine. Lorsque nous sommes en mesure de naviguer efficacement dans le paysage émotionnel du stress, nous sommes mieux équipés pour faire face aux défis professionnels avec résilience.

Exemple : La gestion émotionnelle au travail

Prenons l'exemple d'un gestionnaire d'équipe qui doit annoncer des licenciements au sein de son équipe en raison de réductions budgétaires. Cette situation peut générer des émotions très fortes chez les employés, telles que la colère, la tristesse et la peur. Le gestionnaire doit non seulement gérer son propre stress, mais aussi aider ses collaborateurs à traverser cette période difficile.

Une gestion émotionnelle efficace dans ce cas serait de reconnaître les émotions de l'équipe, de montrer de l'empathie et d'offrir un soutien psychologique. En même temps, le gestionnaire doit également gérer ses propres émotions, en cherchant du soutien auprès de collègues ou d'un professionnel de la santé mentale si nécessaire.

Le développement de la compétence émotionnelle :

Pour améliorer notre gestion émotionnelle dans le contexte du stress professionnel, il est utile de développer notre intelligence émotionnelle. Cela implique la prise de conscience de nos émotions, la compréhension de leurs origines et de leur impact, et l'acquisition de compétences pour les gérer de manière constructive.

Dans les chapitres à venir de ce livre, nous explorerons des stratégies pratiques pour développer notre intelligence émotionnelle et améliorer notre gestion des émotions en situation de stress. En comprenant le lien entre le stress et les émotions, vous serez mieux préparés à affronter les défis du monde professionnel tout en préservant votre bien-être mental et en favorisant des interactions professionnelles positives.

Chapitre 3 : Établir des Fondations Solides

Bienvenue dans le chapitre 3 de notre voyage vers une gestion du stress en milieu de travail plus efficace et équilibrée. Dans ce chapitre, nous allons explorer comment établir des bases solides pour mieux gérer le stress au quotidien. Les fondations solides reposent sur quatre piliers essentiels : la planification et l'organisation, la fixation d'objectifs réalistes, la gestion du temps et des priorités, ainsi que la communication efficace.

L'importance de la planification et de l'organisation

Imaginez une équipe de construction qui décide de construire un gratte-ciel sans plan ni structure solide. Les résultats seraient chaotiques et imprévisibles. De même, dans le domaine du travail, la planification et l'organisation sont les fondations qui nous permettent de construire notre carrière et de gérer le stress de manière proactive.

Fixer des objectifs réalistes

Fixer des objectifs réalistes est essentiel pour maintenir notre motivation, notre concentration et notre satisfaction au travail. Des objectifs clairs et atteignables nous aident à rester sur la bonne voie, à mesurer nos progrès et à éviter de nous sentir submergés par des attentes irréalistes.

La gestion du temps et des priorités

Le temps est l'une de nos ressources les plus précieuses. Apprendre à gérer efficacement notre temps et à établir des priorités nous permet de travailler de manière plus productive tout en maintenant un équilibre entre vie professionnelle et vie personnelle. Une gestion du temps judicieuse est un remède efficace contre le stress lié aux délais serrés et à la surcharge de travail.

La communication efficace

La communication est le ciment qui maintient ensemble une équipe ou une organisation. Une communication efficace réduit les malentendus, prévient les conflits et renforce les relations professionnelles. Apprendre à communiquer de manière ouverte et respectueuse est une compétence essentielle pour réduire le stress lié aux tensions interpersonnelles.

Dans les sections à venir de ce chapitre, nous explorerons en détail chacun de ces piliers, en fournissant des conseils pratiques et des stratégies pour les intégrer dans votre vie professionnelle. En renforçant ces fondations, vous serez mieux préparés à affronter les défis du monde du travail tout en préservant votre bien-être mental et en favorisant des interactions professionnelles positives. Le développement de ces compétences vous aidera à créer un environnement de travail plus équilibré et moins stressant, tant pour vous que pour vos collègues.

L'importance de la planification et de l'organisation

Dans ce chapitre, nous allons plonger dans le premier pilier essentiel pour mieux gérer le stress au travail : l'importance de la planification et de l'organisation. Imaginez la planification comme la boussole qui vous guide à travers les défis professionnels, et l'organisation comme la structure qui soutient vos objectifs. Ces deux compétences sont essentielles pour naviguer avec succès dans le monde professionnel tout en maintenant un équilibre entre vie professionnelle et vie personnelle.

La planification :

La planification est le processus de détermination de vos objectifs et de la manière dont vous allez les atteindre. Elle vous aide à clarifier vos priorités, à éviter les distractions inutiles et à rester concentré sur ce qui compte réellement pour vous et votre carrière. En planifiant de manière efficace, vous pouvez anticiper les défis, minimiser les surprises désagréables et réduire le stress lié à l'incertitude.

Exemple : L'importance de la planification

Prenons l'exemple de John, un chef de projet dans une entreprise de développement de logiciels. Il a souvent été submergé par des délais serrés et des demandes de dernière minute de la part de ses clients. Le stress lié à ces situations devenait accablant. Cependant, après avoir développé une habitude de planification, il a commencé à établir des calendriers de projet détaillés, à anticiper les problèmes potentiels et à allouer du temps pour les tâches imprévues. Cette approche lui a permis de mieux gérer son stress en ayant un contrôle plus grand sur son travail.

L'organisation :

L'organisation va de pair avec la planification. Une fois que vous avez établi vos objectifs et vos priorités, l'organisation vous aide à mettre en place une structure efficace pour les atteindre. Cela implique de décomposer vos objectifs en étapes plus petites et gérables, de créer des systèmes de suivi, et de maintenir un environnement de travail organisé.

Exemple : L'importance de l'organisation

Revenons à Sarah, la gestionnaire de projet que nous avons mentionnée précédemment. Elle a réalisé que son bureau désorganisé et ses listes de tâches chaotiques contribuaient à son stress. En développant des habitudes d'organisation, elle a créé un espace de travail plus efficace et a mis en place un système de gestion des tâches qui lui permettait de suivre ses projets et ses délais. Cette organisation lui a apporté une plus grande tranquillité d'esprit et a renforcé sa capacité à gérer son travail de manière proactive.

En combinant la planification et l'organisation, vous pouvez non seulement réduire le stress lié à l'incertitude et à la surcharge de travail, mais aussi améliorer votre productivité, votre concentration et votre satisfaction au travail. Dans les sections suivantes de ce chapitre, nous explorerons des stratégies pratiques pour développer ces compétences, en utilisant des exemples concrets pour illustrer leur impact sur la gestion du stress au travail. En renforçant ces fondations, vous serez mieux préparés à relever les défis professionnels tout en préservant votre bien-être mental et en favorisant une carrière épanouissante.

Fixer des objectifs réalistes

Dans la continuité de notre exploration sur l'établissement de bases solides pour mieux gérer le stress au travail, nous nous tournons maintenant vers un élément crucial : la fixation d'objectifs réalistes. Les objectifs réalistes sont comme les étoiles qui guident votre trajectoire professionnelle, vous donnant un cap clair et réalisable.

L'importance d'objectifs réalistes :

Fixer des objectifs réalistes est essentiel pour maintenir votre motivation, votre engagement et votre bien-être au travail. Des objectifs clairs et réalisables vous aident à mesurer votre progrès, à rester concentré sur vos priorités et à éviter de vous sentir submergé par des attentes irréalistes.

Exemple : L'importance d'objectifs réalistes

Imaginons une professionnelle du marketing, Emily, qui aspire à gravir les échelons de sa carrière. Elle se fixe l'objectif ambitieux de devenir directrice du marketing de son entreprise dans un délai de six mois. Cependant, avec sa charge de travail actuelle et ses responsabilités familiales, cet objectif pourrait être irréaliste et générer du stress inutile.

Lorsque Emily prend du recul et réévalue ses objectifs, elle décide de se fixer un objectif intermédiaire plus réaliste : obtenir une promotion au poste de gestionnaire du marketing dans un an. Cela lui donne plus de temps pour développer les compétences nécessaires et gérer ses responsabilités actuelles. Elle peut maintenant travailler de manière plus concentrée et moins stressante vers cet objectif réalisable.

Les avantages des objectifs réalistes :

1. Réduction du stress : Lorsque vos objectifs sont réalistes, vous avez moins de chances de vous sentir dépassé ou frustré. Vous pouvez aborder chaque étape avec confiance, sachant que vous êtes sur la bonne voie.

2. Meilleure concentration : Des objectifs clairs et atteignables vous aident à rester concentré sur les tâches essentielles. Cela réduit le stress lié à la multitâche excessive et à la dispersion d'énergie.

3. Satisfaction professionnelle : Atteindre des objectifs réalistes vous apporte un sentiment de réussite. Cela renforce votre satisfaction au travail et votre motivation à continuer de progresser.

4. Prévention du surmenage : Fixer des objectifs réalistes vous permet de gérer votre charge de travail de manière plus équilibrée, évitant ainsi le surmenage et le stress chronique.

Exemple : Réduire le stress grâce à des objectifs réalistes

Prenons le cas de Tom, un ingénieur en informatique. Il se sentait constamment stressé parce qu'il avait fixé l'objectif de terminer un projet complexe en un temps record. Cette pression constante affectait sa santé mentale et physique. Après avoir consulté un conseiller en gestion du stress, Tom a appris à décomposer son projet en étapes plus gérables et à fixer un calendrier réaliste. En ajustant ses attentes, il a réussi à réduire son stress tout en maintenant un haut niveau de performance.

En résumé, la fixation d'objectifs réalistes est un outil puissant pour réduire le stress au travail. Cela vous permet de progresser de manière cohérente tout en préservant votre bien-être. Dans les sections suivantes de ce chapitre, nous explorerons des méthodes pratiques pour établir et gérer ces objectifs de manière efficace, en utilisant des exemples concrets pour illustrer leur impact sur la gestion du stress au quotidien. En renforçant ces compétences, vous serez mieux préparés à naviguer dans le monde professionnel avec confiance et sérénité.

La gestion du temps et des priorités

Continuons notre exploration des fondations essentielles pour mieux gérer le stress au travail en nous penchant sur un élément clé : la gestion du temps et des priorités. Comme une horloge bien réglée, la gestion du temps vous permet de maximiser votre productivité tout en minimisant le stress lié à la surcharge de travail.

L'importance de la gestion du temps :

Le temps est une ressource précieuse et limitée, et apprendre à la gérer efficacement est essentiel pour maintenir un équilibre entre vie professionnelle et vie personnelle. Une mauvaise gestion du temps peut entraîner une surcharge de travail, des délais manqués et un stress accru.

Exemple : L'importance de la gestion du temps

Imaginez Lisa, une avocate avec une charge de travail élevée. Elle avait l'habitude de travailler tard le soir et de sacrifier du temps avec sa famille pour terminer ses dossiers. Ce mode de vie stressant affectait sa santé et ses relations. Après avoir suivi une formation en gestion du temps, Lisa a appris à hiérarchiser ses tâches, à définir des limites et à utiliser des techniques de gestion du temps. Elle a pu réduire son temps de travail excessif tout en maintenant son efficacité, ce qui a considérablement réduit son stress.

La gestion des priorités :

En parallèle à la gestion du temps, la gestion des priorités est cruciale pour éviter de se sentir submergé. Elle consiste à identifier les tâches les plus importantes et à leur accorder la priorité. Cela permet de consacrer votre énergie aux activités qui ont le plus grand impact sur vos objectifs professionnels.

Exemple : La gestion des priorités

Prenons l'exemple de Marc, un gestionnaire de projet dans une entreprise de construction. Il avait du mal à jongler avec les nombreuses tâches et les délais serrés. Après avoir examiné ses responsabilités, il a identifié les tâches essentielles à la réalisation de son projet le plus important. En se concentrant sur ces priorités, il a pu alléger sa charge de travail et mieux gérer les délais, ce qui a réduit son stress général.

Les avantages de la gestion du temps et des priorités :

1. Réduction du stress : Une gestion efficace du temps et des priorités vous permet de travailler de manière plus structurée, réduisant ainsi la pression liée à la procrastination ou à la précipitation.

2. Meilleure productivité : En identifiant et en traitant d'abord les tâches les plus importantes, vous pouvez augmenter votre productivité globale.

3. Équilibre travail-vie personnelle : Une gestion du temps efficace vous donne la liberté de consacrer du temps à vos activités personnelles et à votre bien-être, ce qui est essentiel pour réduire le stress.

4. Meilleure qualité de travail : En évitant la précipitation et en prenant le temps nécessaire pour effectuer des tâches de manière réfléchie, vous pouvez améliorer la qualité de votre travail.

En résumé, la gestion du temps et des priorités est une compétence clé pour gérer le stress au travail. Elle vous permet de travailler de manière plus efficace, de réduire les sources de stress liées à la gestion du temps et de maintenir un équilibre entre vie professionnelle et vie personnelle. Dans les sections à venir de ce chapitre, nous explorerons des stratégies pratiques pour développer ces compétences, en utilisant des exemples concrets pour illustrer leur impact sur la gestion du stress au quotidien. En renforçant ces bases, vous serez mieux préparés à faire face aux défis professionnels tout en préservant votre bien-être mental et en favorisant un environnement de travail équilibré.

La communication efficace


Notre exploration des fondations pour mieux gérer le stress au travail nous amène à un élément essentiel : la communication efficace. La communication est la colle qui maintient ensemble les relations professionnelles, et elle joue un rôle central dans la réduction du stress lié aux conflits et aux malentendus.

L'importance de la communication efficace :

Une communication efficace est une compétence clé pour collaborer harmonieusement avec les collègues, les supérieurs hiérarchiques, les clients et les partenaires professionnels. Elle consiste à exprimer vos idées de manière claire, à écouter activement les autres et à résoudre les conflits de manière constructive. Une communication ouverte et respectueuse contribue à réduire le stress lié aux tensions interpersonnelles.

Exemple : L'importance de la communication efficace

Considérons le cas de Rachel, une gestionnaire d'équipe. Elle avait du mal à communiquer efficacement avec ses membres d'équipe, ce qui entraînait des malentendus fréquents et des tensions. Le stress résultant de ces conflits affectait sa productivité et son moral. Après avoir suivi une formation en communication, Rachel a appris à écouter activement les préoccupations de son équipe, à exprimer ses attentes de manière claire et à gérer les désaccords de manière constructive. Cette amélioration de la communication a permis de réduire les conflits et le stress au sein de l'équipe.

Les avantages de la communication efficace :

1. Réduction des malentendus : Une communication claire et ouverte réduit les risques de malentendus, ce qui peut générer du stress.

2. Gestion des conflits : La communication efficace permet de résoudre les conflits de manière constructive, minimisant ainsi le stress lié aux désaccords.

3. Renforcement des relations : Des interactions professionnelles positives renforcent les relations au sein de l'équipe, favorisant ainsi un environnement de travail moins stressant.

4. Amélioration de la collaboration : Une communication efficace améliore la collaboration et la coordination des tâches, réduisant ainsi le stress lié à la confusion ou à l'inefficacité.

Exemple : Réduire le stress grâce à une communication efficace

Prenons l'exemple de David, un commercial qui avait du mal à gérer le stress des interactions avec les clients mécontents. Après avoir suivi un cours sur la gestion du stress au travail, il a développé des compétences en communication qui lui ont permis de gérer ces situations de manière plus calme et plus efficace. Il a appris à écouter les préoccupations des clients, à exprimer de l'empathie et à proposer des solutions constructives. Cette approche a non seulement réduit son propre stress, mais a également amélioré la satisfaction des clients.

La communication efficace est un pilier fondamental pour réduire le stress au travail. Elle vous permet de mieux gérer les relations professionnelles, de résoudre les conflits de manière constructive et de favoriser un environnement de travail harmonieux. Dans les sections précédentes de ce chapitre, nous avons exploré la planification et l'organisation, la fixation d'objectifs réalistes, et la gestion du temps et des priorités. Ensemble, ces compétences créent un socle solide pour une gestion du stress efficace. Dans les chapitres à venir, nous explorerons des stratégies pratiques pour développer ces compétences en utilisant des exemples concrets pour illustrer leur impact sur la gestion du stress au quotidien. En renforçant ces bases, vous serez mieux préparés à affronter les défis professionnels tout en préservant votre bien-être mental et en favorisant des interactions professionnelles positives.

Chapitre 4 : La Gestion des Émotions

Bienvenue dans le chapitre 4 de notre voyage vers une gestion du stress en milieu de travail plus équilibrée et épanouissante. Ce chapitre est dédié à un aspect essentiel de la gestion du stress : la gestion des émotions. En effet, nos émotions jouent un rôle fondamental dans notre expérience au travail, influençant notre bien-être, nos relations et notre performance. Dans cette section, nous explorerons l'importance de la régulation émotionnelle, les techniques de gestion émotionnelle, la manière de gérer des émotions telles que la colère, la frustration et l'anxiété au travail, ainsi que la façon de cultiver la résilience émotionnelle.

L'importance de la régulation émotionnelle

La régulation émotionnelle est la capacité à reconnaître, comprendre et gérer nos émotions de manière constructive. En milieu professionnel, cela signifie être capable de faire face au stress, à la pression et aux défis sans laisser nos émotions nous submerger. La régulation émotionnelle est une compétence clé pour maintenir un équilibre émotionnel au travail et favoriser des relations professionnelles saines.

Techniques de gestion émotionnelle

Dans ce chapitre, nous examinerons des techniques pratiques pour développer votre intelligence émotionnelle et votre capacité à gérer vos émotions. Vous découvrirez comment vous pouvez identifier les déclencheurs émotionnels, développer des stratégies de gestion du stress, et favoriser un état d'esprit positif, même dans des situations stressantes.

Gérer la colère, la frustration et l'anxiété au travail

Le monde du travail peut être source de diverses émotions négatives, notamment la colère, la frustration et l'anxiété. Nous explorerons des approches spécifiques pour faire face à ces émotions, les comprendre et les transformer en catalyseurs de croissance personnelle plutôt que de stress.

Cultiver la résilience émotionnelle

Enfin, la résilience émotionnelle est une compétence qui vous permet de rebondir après des moments difficiles. Nous examinerons comment développer cette résilience émotionnelle pour mieux faire face aux défis professionnels et maintenir un équilibre émotionnel stable.

Dans les sections à venir de ce chapitre, nous plongerons plus profondément dans chaque aspect de la gestion des émotions au travail. Vous apprendrez à reconnaître, comprendre et gérer vos émotions de manière efficace, ce qui vous aidera à réduire le stress, à améliorer vos relations professionnelles et à cultiver un état d'esprit résilient. En développant ces compétences, vous serez mieux préparés à faire face aux hauts et aux bas du monde du travail tout en préservant votre bien-être mental et en favorisant une carrière épanouissante.

L'importance de la régulation émotionnelle

Entamons notre exploration du quatrième chapitre, dédié à un élément crucial de la gestion du stress au travail : la régulation émotionnelle. Nos émotions sont comme des vagues dans l'océan de notre vie professionnelle. Elles peuvent nous emporter si nous ne les comprenons pas et ne les gérons pas efficacement. La régulation émotionnelle est la clé pour naviguer ces eaux parfois tumultueuses tout en préservant notre bien-être.

Comprendre la régulation émotionnelle :

La régulation émotionnelle est la capacité à reconnaître, comprendre et gérer nos émotions de manière constructive. En milieu professionnel, elle revêt une importance particulière. Le monde du travail est souvent le théâtre de stress, de défis et de relations interpersonnelles complexes, qui peuvent déclencher une gamme d'émotions, qu'elles soient positives ou négatives.

Exemple : L'importance de la régulation émotionnelle

Prenons l'exemple de Maria, une gestionnaire de projet dans une entreprise de technologie. Elle était passionnée par son travail, mais elle se trouvait souvent submergée par le stress des délais serrés et des attentes élevées. Cela se traduisait par des réactions émotionnelles intenses, comme l'anxiété et la frustration, qui affectaient son bien-être et sa performance.

Après avoir participé à un atelier de gestion du stress au travail, Maria a appris à mieux reconnaître ses émotions et à les gérer. Elle a découvert que prendre un moment pour respirer profondément et analyser les raisons de son stress lui permettait de mieux gérer ses réactions émotionnelles. Grâce à cette régulation émotionnelle améliorée, elle a non seulement réduit son stress, mais elle a aussi amélioré sa productivité et ses relations avec son équipe.

Les avantages de la régulation émotionnelle :

1. Réduction du stress : La régulation émotionnelle vous permet de mieux faire face aux situations stressantes, en évitant que vos émotions ne vous submergent.

2. Amélioration des relations professionnelles : En comprenant et en gérant vos émotions, vous pouvez communiquer de manière plus constructive, renforçant ainsi vos relations avec les collègues et les supérieurs.

3. Prise de décisions éclairées : Une régulation émotionnelle efficace vous aide à prendre des décisions plus réfléchies, en évitant les réactions impulsives basées sur l'émotion.

4. Bien-être mental : En cultivant la régulation émotionnelle, vous favorisez un meilleur équilibre émotionnel, ce qui contribue à votre bien-être mental et à votre satisfaction au travail.

Au fil des prochaines sections de ce chapitre, nous explorerons des techniques pratiques pour développer votre intelligence émotionnelle et votre capacité à gérer vos émotions au travail. Nous aborderons également des stratégies pour faire face à des émotions spécifiques telles que la colère, la frustration et l'anxiété. En renforçant vos compétences en régulation émotionnelle, vous serez mieux préparés à affronter les défis émotionnels du monde du travail tout en préservant votre bien-être mental et en favorisant des interactions professionnelles positives.

Techniques de gestion émotionnelle

Dans cette deuxième partie du chapitre consacré à la gestion des émotions, nous allons explorer des techniques pratiques de régulation émotionnelle. Ces techniques sont des outils puissants pour mieux comprendre, gérer et transformer vos émotions, vous permettant ainsi de réduire le stress au travail.
1. La pleine conscience :

La pleine conscience, ou mindfulness, est une technique qui consiste à être conscient de vos émotions et de vos pensées sans jugement. Elle vous permet d'observer vos réactions émotionnelles de manière détachée, ce qui peut vous aider à les gérer de manière plus constructive.

Exemple : La pleine conscience

Imaginons Sarah, une enseignante qui ressent régulièrement de l'anxiété avant de donner un cours. Grâce à la pratique de la pleine conscience, elle a appris à reconnaître les signaux de son anxiété (par exemple, des pensées négatives ou des sensations physiques de tension). Au lieu de s'identifier complètement à ces émotions, elle les observe simplement, ce qui lui permet de rester calme et concentrée pendant ses cours.

2. L'auto-compassion :

L'auto-compassion consiste à vous traiter avec bienveillance et compréhension, même lorsque vous faites face à des émotions difficiles. Au lieu de vous critiquer sévèrement, vous vous accordez la même compassion que vous le feriez pour un ami qui traverse une période difficile.

Exemple : L'auto-compassion

Thomas, un gestionnaire de projet, avait tendance à se blâmer fortement lorsqu'il commettait des erreurs au travail. Cela entraînait une grande détresse émotionnelle et augmentait son niveau de stress. En apprenant à s'auto-compassionner, Thomas a pu réduire son auto-critique et se donner la permission de commettre des erreurs occasionnelles. Cette approche plus douce envers lui-même a considérablement amélioré sa gestion des émotions au travail.

3. La gestion du stress par la respiration :

La respiration profonde et consciente est une technique simple mais puissante pour réguler les émotions. En pratiquant la respiration consciente, vous pouvez calmer votre système nerveux, réduire l'anxiété et revenir à un état d'équilibre émotionnel.

Exemple : La gestion du stress par la respiration

Paul, un comptable, ressentait souvent du stress lors de la période fiscale chargée. Il a commencé à intégrer des exercices de respiration profonde dans sa routine quotidienne. Chaque fois qu'il se sentait submergé, il prenait quelques minutes pour inspirer profondément et expirer lentement. Cette pratique l'a aidé à maintenir son calme et à réduire son stress pendant les périodes de travail intense.

4. L'expression émotionnelle :

Parfois, il est essentiel d'exprimer vos émotions de manière saine, que ce soit en parlant à un collègue de confiance, en tenant un journal ou en pratiquant une activité artistique. L'expression émotionnelle peut vous aider à libérer des émotions refoulées et à réduire le stress accumulé.

Exemple : L'expression émotionnelle

Isabelle, une infirmière, a vécu des moments très émotionnels en travaillant dans un service de soins palliatifs. Elle a trouvé un moyen de suite à la perte de patients en pratiquant l'écriture créative et la peinture. En canalisant ses émotions de cette manière, elle a pu mieux gérer le stress et trouver une forme de catharsis.

En conclusion, ces techniques de gestion émotionnelle sont des outils précieux pour mieux comprendre, gérer et transformer vos émotions au travail. En les intégrant dans votre quotidien professionnel, vous serez en mesure de réduire le stress, d'améliorer vos relations professionnelles et de maintenir un équilibre émotionnel stable. Dans les sections à venir de ce chapitre, nous explorerons la manière de gérer des émotions spécifiques telles que la colère, la frustration et l'anxiété au travail, ainsi que la façon de cultiver la résilience émotionnelle. En développant ces compétences, vous serez mieux préparés à faire face aux défis émotionnels du monde du travail tout en préservant votre bien-être mental et en favorisant des interactions professionnelles positives.

Gérer la colère, la frustration et l'anxiété au travail

Dans cette troisième partie du chapitre consacrée à la gestion des émotions au travail, nous allons nous pencher sur des émotions spécifiques qui peuvent souvent surgir en milieu professionnel : la colère, la frustration et l'anxiété. Apprendre à gérer ces émotions est essentiel pour maintenir votre bien-être au travail.

1. Gérer la colère :

La colère est une émotion naturelle, mais elle peut devenir problématique si elle est mal gérée. Lorsque vous vous sentez en colère au travail, il est important de prendre du recul avant de réagir. Identifiez ce qui déclenche votre colère et essayez de comprendre les raisons derrière cette émotion. Ensuite, explorez des techniques de gestion de la colère telles que la respiration profonde, la méditation ou la communication constructive pour exprimer vos préoccupations de manière appropriée.

Exemple : Gérer la colère

Imaginez Alex, un chef d'équipe confronté à un membre de son équipe qui ne respecte pas les délais. Alex ressent de la colère face à cette situation. Plutôt que de réagir impulsivement, il prend un moment pour réfléchir à ce qui le met en colère. Il réalise que sa colère est due à la crainte de ne pas respecter le calendrier du projet. Il décide ensuite d'avoir une conversation calme et constructive avec son collègue pour résoudre le problème.

2. Gérer la frustration :

La frustration peut survenir lorsque vous faites face à des obstacles ou à des défis au travail. Pour la gérer, commencez par identifier la source de votre frustration. Ensuite, envisagez des solutions possibles pour surmonter ces obstacles. La communication ouverte avec vos collègues ou supérieurs peut également être utile pour résoudre des situations frustrantes.

Exemple : Gérer la frustration

Caroline, une consultante en informatique, se sentait souvent frustrée par les problèmes techniques complexes auxquels elle était confrontée. Pour gérer cette frustration, elle a commencé à prendre des pauses courtes pour se détendre lorsque les défis devenaient écrasants. De plus, elle a sollicité l'aide de ses collègues pour résoudre certains problèmes. Cette approche a considérablement réduit sa frustration et a amélioré sa capacité à gérer des situations techniques difficiles.

3. Gérer l'anxiété :

L'anxiété peut être une émotion paralysante au travail, en particulier lorsque vous êtes confronté à des enjeux importants ou à des attentes élevées. Pour gérer l'anxiété, commencez par reconnaître les signes physiques tels que la tension musculaire ou la respiration rapide. Ensuite, pratiquez des techniques de relaxation, comme la méditation ou la visualisation, pour apaiser votre esprit. Vous pouvez également élaborer des plans d'action concrets pour faire face aux sources de votre anxiété.

Exemple : Gérer l'anxiété

Julie, une avocate, ressentait de l'anxiété avant ses plaidoiries devant le tribunal. Elle a commencé à pratiquer la respiration profonde et la méditation avant ses audiences pour calmer ses nerfs. De plus, elle a élaboré une routine de préparation solide pour se sentir plus en confiance. Ces techniques ont contribué à réduire son anxiété et à améliorer ses performances au tribunal.

En conclusion, gérer la colère, la frustration et l'anxiété au travail est essentiel pour maintenir un équilibre émotionnel. En utilisant des stratégies de régulation émotionnelle et en adoptant une approche réfléchie face à ces émotions, vous serez mieux préparés à faire face aux défis professionnels tout en préservant votre bien-être mental. Dans la dernière section de ce chapitre, nous explorerons la façon de cultiver la résilience émotionnelle, une compétence qui vous aidera à rebondir après des moments difficiles et à maintenir votre équilibre émotionnel au travail.

Cultiver la résilience émotionnelle

Dans cette dernière partie du chapitre consacrée à la gestion des émotions, nous abordons un concept essentiel pour faire face aux défis professionnels tout en préservant votre bien-être : la résilience émotionnelle. La résilience émotionnelle est la capacité à rebondir après des moments difficiles, à résister au stress et à maintenir un équilibre émotionnel même en période de turbulence.

Cultiver la résilience émotionnelle :

La résilience émotionnelle n'est pas un trait inné, mais plutôt une compétence qui peut être développée. Elle repose sur plusieurs piliers essentiels :

1. L'acceptation des émotions :

Pour cultiver la résilience émotionnelle, il est crucial d'accepter que les émotions font partie intégrante de la vie. Toutes les émotions, même les plus inconfortables, ont leur place. L'acceptation ne signifie pas se laisser submerger par les émotions, mais plutôt les reconnaître, les comprendre et les accepter.

Exemple : L'acceptation des émotions

Paula, une entrepreneure, a fait face à un revers financier majeur dans son entreprise. Au lieu de nier sa colère, sa frustration et sa peur, elle a pris le temps de reconnaître ces émotions et de les accepter comme des réactions normales à une situation difficile. Cette acceptation lui a permis de mieux gérer son stress et de trouver des solutions pour redresser son entreprise.

2. La flexibilité émotionnelle :

La résilience émotionnelle implique également la flexibilité émotionnelle, c'est-à-dire la capacité à s'adapter aux situations changeantes. Cela signifie être capable de passer d'une émotion à l'autre de manière fluide et appropriée en fonction du contexte.

Exemple : La flexibilité émotionnelle

Thomas, un enseignant, a dû faire face à des changements inattendus dans son programme d'enseignement en raison de la pandémie. Initialement frustré et anxieux, il a rapidement ajusté sa façon d'enseigner et s'est adapté à la nouvelle réalité. Sa flexibilité émotionnelle lui a permis de gérer le stress lié aux changements constants.

3. La recherche de soutien social :

La résilience émotionnelle ne se cultive pas en isolation. Rechercher le soutien de collègues, d'amis ou de professionnels peut être essentiel pour traverser des périodes difficiles. Partager vos émotions et vos préoccupations avec d'autres personnes peut vous apporter un soulagement émotionnel et des perspectives nouvelles.

Exemple : La recherche de soutien social

Mark, un manager, a connu une période de surcharge de travail qui l'a fait se sentir dépassé et anxieux. Il a décidé de parler de ses préoccupations avec son équipe et a demandé de l'aide pour répartir la charge de travail. Le soutien de son équipe a renforcé sa résilience émotionnelle et lui a permis de faire face à la situation de manière plus sereine.

4. La croissance personnelle :

Enfin, la résilience émotionnelle est souvent associée à une croissance personnelle. Les défis et les moments difficiles peuvent être des opportunités d'apprentissage et de développement personnel. La capacité à tirer des leçons de ces expériences renforce la résilience émotionnelle.

Exemple : La croissance personnelle

Sophie, une designer, a fait face à l'échec d'un projet majeur qui l'a profondément déçue. Plutôt que de se laisser abattre, elle a utilisé cette expérience comme une occasion d'acquérir de nouvelles compétences et de repenser sa méthodologie de travail. Cette approche de croissance personnelle a renforcé sa résilience émotionnelle et lui a permis de rebondir avec succès.

En conclusion, cultiver la résilience émotionnelle est essentiel pour faire face aux défis professionnels tout en préservant votre bien-être mental. En intégrant les principes d'acceptation, de flexibilité émotionnelle, de soutien social et de croissance personnelle dans votre vie professionnelle, vous serez mieux préparés à affronter les hauts et les bas du monde du travail. La résilience émotionnelle est une compétence précieuse qui vous permettra de maintenir un équilibre émotionnel stable, même en période de turbulence, et de favoriser une carrière épanouissante.

Nous voici au cinquième chapitre de notre exploration de la gestion du stress en milieu de travail. Ce chapitre est consacré à un aspect fondamental de notre vie professionnelle : les relations interpersonnelles. Les relations que nous entretenons avec nos collègues, nos supérieurs et nos subordonnés ont un impact significatif sur notre bien-être au travail et notre capacité à gérer le stress.

L'impact des relations de travail sur le stress :

Les relations de travail peuvent être une source de soutien et de satisfaction, mais elles peuvent aussi être une source de stress. Un environnement de travail toxique, des conflits non résolus ou des difficultés de communication peuvent contribuer au stress professionnel. Comprendre comment gérer ces défis relationnels est essentiel pour préserver votre bien-être au travail.

Les conflits et la communication difficile :

Les conflits interpersonnels sont inévitables dans tout milieu de travail. Cependant, la manière dont nous abordons et résolvons ces conflits peut faire toute la différence. Apprendre à gérer les désaccords de manière constructive et à améliorer la communication peut réduire le stress lié aux conflits.

Techniques de communication positive :

La communication est au cœur de toute relation interpersonnelle. Dans cette section, nous explorerons des techniques de communication positives qui favorisent des interactions professionnelles harmonieuses. Une communication efficace peut non seulement résoudre les conflits, mais aussi renforcer les relations et réduire le stress.

Le soutien social au travail :

Le soutien social au travail est une ressource précieuse pour faire face au stress. Avoir des collègues compréhensifs, des amis au travail et un réseau de soutien peut contribuer à réduire la pression professionnelle. Nous discuterons de l'importance de cultiver un réseau de soutien au travail et de rechercher de l'aide lorsque cela est nécessaire.

Au fil des prochaines sections de ce chapitre, nous explorerons ces aspects en détail, en fournissant des conseils pratiques pour gérer les relations interpersonnelles de manière positive, résoudre les conflits et tirer parti du soutien social au travail. En développant ces compétences, vous serez mieux préparés à établir des relations professionnelles positives qui favorisent votre bien-être et à réduire le stress lié aux interactions avec vos collègues.

L'impact des relations de travail sur le stress

Dans cette première partie du chapitre consacrée à la gestion des relations interpersonnelles, nous allons explorer l'impact profond que les relations de travail ont sur notre niveau de stress en milieu professionnel. Les interactions que nous entretenons avec nos collègues et nos supérieurs ont le pouvoir de renforcer notre bien-être ou de déclencher des réactions de stress significatives.

Les relations de travail : un double tranchant :

Les relations de travail peuvent être à la fois une source de soutien et d'enrichissement, mais aussi une source de tension et de stress. Lorsque nous entretenons des relations positives avec nos collègues, cela peut favoriser un environnement de travail agréable, renforcer notre motivation et réduire notre niveau de stress.
Exemple : Relations de travail positives

Imaginez une équipe de projet où les membres s'entendent bien, se soutiennent mutuellement et communiquent ouvertement. Dans un tel environnement, le stress lié à la collaboration est réduit, les idées circulent librement, et les membres de l'équipe sont plus enclins à résoudre les problèmes ensemble plutôt que de les laisser s'accumuler.

Cependant, les relations tendues, les conflits non résolus ou une communication difficile peuvent rapidement engendrer du stress au travail.

Exemple : Relations de travail négatives

Prenons l'exemple de Laura, une professionnelle de la santé. Elle travaillait dans un service où les relations étaient tendues, avec des conflits fréquents entre les membres de l'équipe. Cette atmosphère négative a créé un niveau de stress chronique qui a fini par affecter la qualité de son travail et sa santé mentale.

La dimension émotionnelle des relations de travail :

Il est important de noter que les relations de travail ne se limitent pas à des interactions purement professionnelles. Les émotions jouent un rôle essentiel dans nos interactions professionnelles. Les conflits non résolus, les malentendus et les tensions émotionnelles peuvent s'accumuler et contribuer au stress au fil du temps.

Exemple : Tensions émotionnelles au travail

Prenons le cas d'Alex, un manager qui avait du mal à gérer un employé insatisfait. Les émotions négatives de cet employé étaient palpables lors des réunions d'équipe, ce qui a fini par créer une atmosphère tendue au sein de l'équipe. Les relations tendues et l'impact émotionnel ont non seulement affecté le bien-être d'Alex, mais ont également eu des répercussions sur la performance globale de l'équipe.

Les relations de travail ont un impact significatif sur notre niveau de stress en milieu professionnel. Comprendre comment cultiver des relations positives, gérer les conflits de manière constructive et gérer les aspects émotionnels des interactions professionnelles est essentiel pour préserver notre bien-être au travail. Dans les sections à venir de ce chapitre, nous explorerons des techniques pour améliorer la communication, résoudre les conflits et cultiver un réseau de soutien social au travail, afin de favoriser des relations interpersonnelles harmonieuses et de réduire le stress qui peut en découler.

## Les conflits et la communication difficile

Dans cette deuxième partie du chapitre consacrée à la gestion des relations interpersonnelles, nous allons plonger au cœur des défis relationnels au travail, en nous penchant sur les conflits et la communication difficile. Ces éléments peuvent être des sources majeures de stress au sein de l'environnement professionnel, mais ils peuvent aussi être transformés en opportunités de croissance et d'amélioration des relations.

## Les conflits interpersonnels :

Les conflits sont des inévitabilités dans tout milieu de travail. Les désaccords sur des objectifs, des méthodes, ou simplement des différences personnelles peuvent donner lieu à des conflits. Cependant, la manière dont nous abordons et résolvons ces conflits peut faire toute la différence en termes de gestion du stress.

## Exemple : Conflits interpersonnels

Imaginez une situation où deux collègues, Marie et Pierre, ont des désaccords constants sur la manière de gérer un projet. Les conflits récurrents entre eux ont créé une tension palpable au sein de leur équipe, ce qui a nui à la collaboration et à la qualité du travail. Cette situation est devenue une source majeure de stress pour l'ensemble de l'équipe.

## La communication difficile :

La communication est le pilier central des relations interpersonnelles. Une communication inefficace ou difficile peut être à l'origine de nombreux conflits et tensions au travail. Apprendre à améliorer sa communication, à écouter activement et à exprimer ses idées de manière claire est essentiel pour réduire le stress lié à la communication difficile.

## Exemple : Communication difficile

Prenons l'exemple de Sarah, une gestionnaire qui avait du mal à exprimer clairement ses attentes à son équipe. Cette communication floue a créé des malentendus fréquents et des erreurs dans le travail de l'équipe. Les membres de l'équipe se sont sentis stressés et frustrés en raison du manque de clarté et de la communication difficile.

En outre, la communication difficile peut également conduire à des conflits non résolus. Lorsque les personnes ne se sentent pas écoutées ou respectées, les désaccords peuvent s'envenimer, augmentant ainsi le niveau de stress au travail.

Exemple : Conflit en raison de la communication difficile

Imaginez une situation où un employé, Lucas, a présenté une idée innovante à son superviseur, mais ce dernier ne l'a pas écouté attentivement ni pris au sérieux. Lucas a ressenti un sentiment de mépris et de frustration qui a créé un conflit latent entre lui et son superviseur. Le manque de communication ouverte et respectueuse a fini par entraîner une diminution de la motivation de Lucas et une augmentation de son stress au travail.

Les conflits et la communication difficile sont des défis courants en milieu professionnel, mais ils peuvent être gérés de manière constructive pour réduire le stress. Dans les sections à venir de ce chapitre, nous explorerons des techniques pour améliorer la communication, résoudre les conflits de manière positive et favoriser des interactions interpersonnelles harmonieuses. En développant ces compétences, vous serez mieux préparés à faire face aux défis relationnels au travail et à réduire le stress qui peut en découler.

Techniques de communication positive

Dans cette troisième partie du chapitre consacrée à la gestion des relations interpersonnelles, nous allons explorer des techniques de communication positive. Une communication efficace est l'une des compétences les plus précieuses que vous puissiez développer pour améliorer vos relations au travail et réduire le stress qui peut découler de la communication difficile.

Écoute active :

L'écoute active est l'une des compétences fondamentales de la communication positive. Elle consiste à prêter une attention totale à la personne qui parle, à comprendre ses besoins et ses émotions, et à répondre de manière réfléchie. L'écoute active favorise la compréhension mutuelle et réduit les malentendus.

Exemple : Écoute active

Imaginez que vous ayez une réunion avec un collègue, Marie, qui exprime des préoccupations au sujet d'un projet. Au lieu d'interrompre Marie ou de minimiser ses inquiétudes, vous l'écoutez attentivement, posez des questions pour clarifier sa perspective et montrez de l'empathie envers ses préoccupations. Cette approche de l'écoute active favorise une communication positive et constructive.

Communication assertive :

La communication assertive consiste à exprimer vos besoins, vos opinions et vos sentiments de manière directe, honnête et respectueuse. Elle vous permet de communiquer de manière claire sans agressivité ni passivité, favorisant ainsi des interactions positives et la résolution de conflits.

Exemple : Communication assertive

Supposons que vous ayez un collègue, Jean, qui vous interrompt fréquemment pendant les réunions, ce qui vous perturbe. Une communication assertive consisterait à exprimer votre besoin de parler sans interruption, en utilisant des phrases telles que : "Je préférerais terminer mon point avant d'être interrompu" plutôt que de garder vos frustrations pour vous.

Communication non verbale positive :

La communication ne se limite pas aux mots. Votre langage corporel, vos expressions faciales et votre posture jouent un rôle essentiel dans la communication positive. Adopter une posture ouverte, maintenir un contact visuel approprié et utiliser des gestes compatibles avec vos paroles peut renforcer la clarté de votre communication et favoriser des interactions positives.

Exemple : Communication non verbale positive

Imaginez que vous dirigiez une réunion d'équipe pour discuter d'un projet critique. Vous utilisez une expression faciale souriante et regardez chaque membre de l'équipe en faisant preuve d'ouverture et d'attention. Votre communication non verbale transmet un message de positivité et d'engagement envers la collaboration.

Feedback constructif :

Fournir un feedback constructif est une compétence essentielle pour favoriser la croissance et le développement au sein de l'équipe. Lorsque vous devez donner un feedback, assurez-vous qu'il soit spécifique, basé sur des faits, et formulé de manière à encourager l'amélioration.

Exemple : Feedback constructif

Supposons que vous soyez le responsable d'un projet et que l'un de vos collaborateurs, Thomas, ait commis une erreur importante. Au lieu de blâmer Thomas, vous lui fournissez un feedback constructif en expliquant en quoi l'erreur a eu lieu, en discutant des leçons à tirer de cette situation, et en proposant un plan d'action pour éviter de futures erreurs. Cette approche favorise la responsabilité et la croissance professionnelle de Thomas.

La communication positive est une compétence clé pour améliorer les relations interpersonnelles au travail et réduire le stress. En développant l'écoute active, la communication assertive, la communication non verbale positive et la capacité à fournir un feedback constructif, vous serez mieux préparés à interagir de manière constructive avec vos collègues et à résoudre les conflits de manière positive. Ces compétences vous aideront à favoriser un environnement de travail harmonieux et à réduire le stress lié à la communication difficile.

## Le soutien social au travail

Dans cette dernière partie du chapitre consacrée à la gestion des relations interpersonnelles, nous allons explorer l'importance du soutien social au travail. Avoir un réseau de soutien solide en milieu professionnel peut être un rempart puissant contre le stress, renforçant ainsi notre bien-être et notre résilience.

### Le pouvoir du soutien social :

Le soutien social se manifeste sous différentes formes, notamment l'écoute, l'empathie, le partage d'expériences et l'aide pratique. Il peut provenir de collègues, de superviseurs, d'amis au travail ou même de mentors. Le soutien social au travail peut jouer un rôle crucial dans la gestion du stress.

### Exemple : Soutien social au travail

Imaginez que vous ayez récemment rejoint une nouvelle équipe et que vous rencontriez des défis considérables dans votre nouveau rôle. Vos collègues vous accueillent chaleureusement, vous fournissent des conseils précieux et vous soutiennent émotionnellement pendant cette période d'adaptation. Leur soutien vous aide à vous sentir moins isolé et plus confiant dans votre capacité à relever ces défis, réduisant ainsi le stress lié à la transition.

### Le rôle des amis au travail :

Les amitiés au travail peuvent être une source précieuse de soutien social. Passer du temps avec des collègues qui sont également des amis peut contribuer à créer un environnement de travail agréable, renforcer le sentiment d'appartenance et fournir un soutien émotionnel lorsque vous en avez besoin.

### Exemple : Amitiés au travail

Prenons l'exemple de Marie et Julie, deux collègues qui sont devenues de grandes amies au fil du temps. Lorsque l'une d'entre elles traverse une période difficile au travail ou dans sa vie personnelle, l'autre est là pour l'écouter, la conseiller et lui apporter un soutien inestimable. Ces amitiés au travail renforcent leur bien-être au travail et contribuent à réduire le stress.

### Le rôle des mentors et des superviseurs :

Les mentors et les superviseurs bienveillants peuvent jouer un rôle clé dans la gestion du stress. Ils peuvent offrir des conseils professionnels, des perspectives précieuses et un soutien lorsque vous êtes confrontés à des défis professionnels ou personnels.

Exemple : Mentorat au travail

Imaginez que vous ayez la chance d'avoir un mentor expérimenté qui vous guide dans votre carrière. Lorsque vous êtes confronté à des décisions difficiles ou à des obstacles professionnels, votre mentor vous apporte des conseils avisés et vous encourage à persévérer. Cette relation de mentorat vous donne confiance en votre capacité à gérer le stress professionnel.

En conclusion, le soutien social au travail est un facteur essentiel de la gestion du stress en milieu professionnel. Cultiver des relations positives avec vos collègues, vos amis au travail, vos mentors et vos superviseurs peut renforcer votre bien-être et vous aider à faire face aux défis professionnels avec plus de sérénité. Dans l'ensemble, le soutien social au travail est une ressource précieuse pour réduire le stress et favoriser un environnement de travail épanouissant.

Nous entamons maintenant le sixième chapitre de notre voyage à travers la gestion du stress en milieu de travail, et cette étape nous conduit vers une dimension essentielle de notre bien-être : la gestion physique du stress. Dans ce chapitre, nous allons explorer comment votre santé physique, votre activité physique, votre sommeil, votre nutrition, ainsi que des pratiques de relaxation et de méditation peuvent contribuer à réduire le stress et à favoriser votre épanouissement professionnel.

L'importance de la santé physique au travail :

Votre santé physique est un pilier fondamental de votre capacité à gérer le stress en milieu professionnel. Une bonne santé physique vous permet de faire face aux défis du travail avec énergie, résilience et clarté mentale. En investissant dans votre santé physique, vous renforcez votre capacité à relever les défis professionnels avec confiance.

L'activité physique pour réduire le stress :

L'activité physique régulière est un moyen puissant de réduire le stress. Elle libère des endorphines, améliore votre humeur, favorise la relaxation musculaire et renforce votre résistance au stress. Dans cette section, nous explorerons comment intégrer l'exercice dans votre routine quotidienne pour renforcer votre bien-être au travail.

Le sommeil et la nutrition :

Le sommeil de qualité et une alimentation équilibrée sont des éléments essentiels de la gestion du stress. Le manque de sommeil ou une mauvaise alimentation peuvent contribuer au stress, à la fatigue et à la baisse de performance. Nous discuterons des stratégies pour améliorer la qualité de votre sommeil et pour adopter des habitudes alimentaires saines qui soutiennent votre bien-être.

La relaxation et la méditation :

La relaxation et la méditation sont des pratiques éprouvées pour réduire le stress et favoriser la détente mentale. Dans cette section, nous explorerons des techniques de relaxation et de méditation que vous pouvez intégrer dans votre routine quotidienne pour calmer votre esprit, réduire l'anxiété et améliorer votre capacité à gérer les pressions du travail.

Au cours des prochaines sections de ce chapitre, nous explorerons ces aspects en détail, en fournissant des conseils pratiques pour prendre soin de votre santé physique, intégrer l'activité physique dans votre quotidien, améliorer votre sommeil et votre nutrition, ainsi que pour développer des compétences de relaxation et de méditation. En développant ces habitudes, vous serez mieux préparés à faire face aux défis professionnels avec résilience et à réduire le stress qui peut découler de la pression au travail.

40

L'importance de la santé physique au travail

Dans cette première partie du chapitre consacrée à la gestion physique du stress, nous allons explorer en profondeur l'importance de la santé physique en milieu de travail. Votre bien-être physique joue un rôle essentiel dans votre capacité à faire face au stress professionnel, à maintenir votre performance et à cultiver un équilibre entre votre vie personnelle et votre carrière.

La santé physique comme fondation :

Imaginez votre santé physique comme la base sur laquelle repose le reste de votre bien-être. Une bonne santé physique vous fournit l'énergie, la vitalité et la résilience nécessaires pour naviguer efficacement dans votre environnement professionnel, même en période de pression. Prendre soin de votre corps est donc une étape cruciale pour renforcer votre capacité à gérer le stress.

Exemple : L'impact de la santé physique

Considérons l'exemple de Paul, un professionnel engagé qui travaillait de longues heures sans prendre suffisamment soin de sa santé physique. Il négligeait l'exercice régulier, dormait peu et se nourrissait mal en raison de son emploi du temps chargé. Au fil du temps, Paul a commencé à ressentir de la fatigue chronique, de la tension musculaire et de la baisse de motivation. Son stress au travail a augmenté, ce qui a eu un impact négatif sur sa performance et sa satisfaction au travail.

Équilibre entre travail et santé :

Il est important de réaliser que votre santé physique ne doit pas être sacrifiée au profit de votre carrière. Au contraire, l'équilibre entre travail et santé physique est essentiel pour votre réussite professionnelle à long terme. Prendre des mesures pour préserver et améliorer votre santé physique peut vous permettre de gérer plus efficacement le stress professionnel et de maintenir une performance optimale.

Exemple : Équilibre entre travail et santé

Supposons que Sarah, une avocate dévouée, prenne des pauses régulières pour de courtes séances de méditation et d'exercice au cours de sa journée de travail. Elle privilégie également un sommeil de qualité et une alimentation équilibrée. Ces habitudes lui permettent de rester énergique, concentrée et résiliente face aux demandes exigeantes de sa profession. Elle parvient ainsi à gérer le stress professionnel tout en préservant sa santé physique.

Investir dans votre santé physique :

La santé physique est un pilier fondamental de votre capacité à gérer le stress en milieu professionnel. Investir du temps et de l'effort dans votre bien-être physique n'est pas seulement bénéfique pour votre santé à long terme, mais c'est également une stratégie efficace pour améliorer votre performance et votre bien-être au travail. Dans les sections à venir de ce chapitre, nous explorerons en détail comment intégrer l'activité physique, améliorer le sommeil et la nutrition, ainsi que développer des pratiques de relaxation pour renforcer votre santé physique et votre résilience face au stress professionnel.

L'activité physique pour réduire le stress
Dans cette deuxième partie du chapitre, nous allons explorer en profondeur le rôle de l'activité physique dans la réduction du stress en milieu professionnel. L'exercice régulier est l'une des stratégies les plus efficaces pour renforcer votre résilience au stress, améliorer votre humeur et favoriser un équilibre sain entre votre vie professionnelle et personnelle.

Le lien entre l'exercice et le stress :

Lorsque vous vous engagez dans une activité physique, votre corps libère des endorphines, des neurotransmetteurs qui procurent une sensation de bien-être et réduisent la perception de la douleur. Ces endorphines agissent comme un antidote naturel au stress, vous aidant à vous sentir plus détendu et à mieux gérer les défis professionnels.

Exemple : L'effet de l'exercice sur le stress

Imaginons le cas de David, un gestionnaire de projet sous pression constante. Après une journée stressante au travail, il a pris l'habitude de faire une promenade en plein air pendant sa pause déjeuner. Cette routine lui permet de se détendre, de se vider l'esprit et de revenir au travail avec une perspective plus positive. L'exercice lui procure une libération du stress, ce qui améliore son bien-être global.

Choisir une activité qui vous convient :

L'activité physique ne se limite pas aux séances d'entraînement intensives en salle de sport. Il existe de nombreuses façons de rester actif qui peuvent correspondre à vos préférences et à votre emploi du temps. Que ce soit la marche, la course, la natation, le yoga ou la danse, l'essentiel est de choisir une activité qui vous plaît, que vous pouvez intégrer régulièrement dans votre vie.

Exemple : Trouver une activité adaptée

Considérons l'exemple de Maria, une gestionnaire de projet qui a une charge de travail importante. Elle a choisi de s'inscrire à des cours de yoga en ligne, car cela lui permet de s'entraîner à son propre rythme, sans quitter son domicile. Le yoga lui procure un sentiment de calme et de détente, renforçant sa capacité à gérer le stress professionnel.

Intégrer l'activité physique dans votre routine :

Pour bénéficier de l'impact positif de l'exercice sur votre gestion du stress, il est essentiel de l'intégrer régulièrement dans votre routine. Fixez des objectifs réalistes et commencez lentement si vous n'êtes pas habitué à l'activité physique. Même de courtes sessions d'exercice peuvent avoir un impact significatif sur votre bien-être.

Exemple : Intégration de l'activité physique

Supposons que Thomas, un informaticien, ait décidé de commencer à faire de courtes pauses pour des étirements et des exercices de respiration profonde toutes les heures pendant sa journée de travail. Ces pauses lui permettent de réduire la tension physique et mentale, améliorant ainsi sa résilience face au stress.

L'activité physique est un moyen puissant de réduire le stress en milieu professionnel. En incorporant régulièrement une activité physique que vous aimez dans votre routine, vous pouvez améliorer votre humeur, renforcer votre résilience au stress et favoriser un équilibre sain entre votre vie professionnelle et personnelle. Dans les sections suivantes, nous aborderons d'autres aspects de la gestion physique du stress, notamment le sommeil, la nutrition, la relaxation et la méditation.

Le sommeil et la nutrition

Dans cette troisième partie du chapitre sur la gestion physique du stress, nous allons explorer deux éléments cruciaux de votre bien-être : le sommeil et la nutrition. Ces deux facteurs jouent un rôle essentiel dans votre capacité à gérer le stress au travail et à maintenir un état de santé optimal.

Le sommeil :

Le sommeil de qualité est une composante fondamentale de la gestion du stress. Lorsque vous dormez suffisamment, votre corps et votre esprit ont l'opportunité de se régénérer, ce qui vous permet d'être plus alerte, concentré et émotionnellement équilibré.

Exemple : L'impact du sommeil

Imaginons le cas de Laura, une responsable des ressources humaines qui avait l'habitude de sacrifier son sommeil pour répondre aux demandes professionnelles. Avec le temps, elle a commencé à ressentir de la fatigue chronique, de l'irritabilité et une moindre capacité à gérer le stress au travail. En rétablissant une routine de sommeil plus régulière, Laura a constaté une nette amélioration de son bien-être et de ses performances au travail.

Conseils pour améliorer le sommeil :

- Établissez une routine de sommeil régulière en vous couchant et en vous réveillant à la même heure chaque jour, même le week-end.
- Créez un environnement propice au sommeil en maintenant une température confortable, en réduisant la luminosité et en éliminant les sources de bruit perturbateur.
- Évitez la stimulation excessive des écrans électroniques avant le coucher.
- Pratiquez des techniques de relaxation, comme la méditation ou la respiration profonde, pour calmer votre esprit avant de dormir.

La nutrition :

Une alimentation équilibrée est tout aussi cruciale pour votre bien-être physique et mental. Votre régime alimentaire a un impact direct sur votre niveau d'énergie, votre concentration et même votre résilience au stress.

Exemple : L'impact de la nutrition

Prenons l'exemple de Marc, un gestionnaire de projet qui avait l'habitude de se nourrir principalement de repas rapides riches en sucres et en graisses saturées. Il ressentait souvent des baisses d'énergie en milieu de journée et était plus susceptible de se sentir stressé. En adoptant une alimentation plus équilibrée, riche en fruits, légumes, protéines maigres et grains entiers, Marc a constaté une nette amélioration de sa concentration et de son bien-être général.

Conseils pour une nutrition équilibrée :

- Priorisez une alimentation riche en légumes, fruits, protéines maigres et grains entiers.
- Évitez les excès de sucre, de sel et de graisses saturées.
- Hydratez-vous suffisamment en buvant de l'eau tout au long de la journée.
- Évitez de sauter des repas, en particulier le petit-déjeuner, pour maintenir des niveaux d'énergie stables.

En intégrant des habitudes de sommeil et de nutrition saines dans votre vie quotidienne, vous renforcez votre capacité à gérer le stress au travail, à maintenir votre énergie et à cultiver un bien-être global. Dans les prochaines sections, nous aborderons d'autres aspects de la gestion physique du stress, notamment la relaxation et la méditation, pour vous aider à développer une approche holistique de votre bien-être en milieu professionnel.

La relaxation et la méditation

Dans cette dernière partie du chapitre sur la gestion physique du stress, nous allons explorer deux pratiques puissantes pour favoriser la détente mentale et réduire le stress : la relaxation et la méditation. Ces techniques offrent des moyens efficaces de calmer l'esprit, de réduire l'anxiété et de renforcer votre résilience face aux défis professionnels.

La relaxation :

La relaxation est une pratique qui vise à détendre consciemment les muscles et à apaiser l'esprit. Elle peut être utilisée comme un outil efficace pour contrer le stress au travail. La relaxation favorise la réduction des niveaux de tension musculaire, ce qui, à son tour, peut contribuer à réduire le stress mental.

Exemple : L'effet de la relaxation

Imaginons le cas de Sophie, une enseignante qui ressentait fréquemment du stress lié à la pression des échéances et aux responsabilités de son travail. Elle a commencé à pratiquer la relaxation progressive des muscles chaque soir avant de se coucher. Cette pratique lui a permis de se détendre physiquement et mentalement, de mieux dormir et de se sentir plus préparée pour faire face aux défis du lendemain.

Techniques de relaxation :

Il existe plusieurs techniques de relaxation que vous pouvez essayer pour réduire le stress. Certaines d'entre elles incluent la relaxation musculaire progressive, la respiration profonde, la visualisation guidée et la pratique de techniques de relaxation basées sur la pleine conscience.

La méditation :

La méditation est une pratique qui consiste à diriger votre attention de manière délibérée et concentrée vers un objet ou un aspect de votre expérience, tel que votre respiration, vos pensées ou vos sensations corporelles. La méditation favorise la clarté mentale, la réduction du stress et la gestion des émotions.

Exemple : L'impact de la méditation

Prenons l'exemple de Maxime, un consultant en informatique confronté à des délais serrés et à des situations stressantes au travail. Il a commencé à méditer pendant de courtes périodes chaque matin avant de commencer sa journée. Cette pratique lui a permis de cultiver une plus grande résilience émotionnelle, de prendre du recul face aux défis professionnels et de rester plus calme sous pression.

Techniques de méditation :

Il existe de nombreuses techniques de méditation, notamment la méditation de pleine conscience, la méditation transcendantale, la méditation zen et la méditation guidée. Chacune de ces approches offre des moyens différents d'explorer votre monde intérieur et de développer une relation plus saine avec le stress.

En conclusion, la relaxation et la méditation sont des pratiques puissantes pour réduire le stress en milieu professionnel. En les intégrant régulièrement dans votre vie quotidienne, vous pouvez renforcer votre résilience face aux défis professionnels, favoriser la détente mentale et améliorer votre bien-être global. Dans les chapitres suivants, nous aborderons d'autres aspects de la gestion du stress en milieu de travail pour vous aider à développer une approche complète et holistique de votre bien-être au travail.

# Chapitre 7 : Les Stratégies pour Faire Face à des Situations de Stress Particulières

Dans ce chapitre, nous allons nous pencher sur des situations de stress particulières qui peuvent survenir en milieu professionnel. Le monde du travail est parsemé de défis uniques, et il est essentiel de disposer d'outils et de stratégies pour faire face à ces situations stressantes. Nous explorerons les quatre domaines suivants, chacun associé à ses propres enjeux et pressions :

Le stress lié aux délais et aux urgences :

Les délais serrés et les urgences font partie intégrante de nombreux emplois, et ils peuvent générer un stress considérable. Dans cette section, nous aborderons des techniques pour gérer efficacement votre temps, hiérarchiser les tâches et maintenir la qualité du travail sous pression.

La pression hiérarchique :

La relation avec vos supérieurs hiérarchiques peut être une source de stress importante. Nous discuterons des moyens de communiquer efficacement avec votre hiérarchie, de gérer les attentes et de maintenir un équilibre entre le respect de vos propres limites et l'accomplissement de vos responsabilités professionnelles.

Le stress lié aux changements organisationnels :

Les changements dans l'organisation, tels que les restructurations, les fusions ou les réorganisations, peuvent perturber la stabilité au travail. Vous découvrirez des stratégies pour vous adapter à ces transitions, gérer l'incertitude et maintenir votre résilience en période de changement.

Le harcèlement au travail :

Le harcèlement au travail peut avoir des conséquences dévastatrices sur la santé mentale et émotionnelle des employés. Nous explorerons les mesures que vous pouvez prendre pour vous protéger, signaler le harcèlement de manière appropriée et obtenir le soutien nécessaire pour faire face à cette situation difficile.

Chacune de ces situations de stress particulières présente ses propres défis, mais elles sont toutes gérables avec les bonnes compétences et les bonnes ressources. Notre objectif est de vous fournir les outils nécessaires pour faire face à ces défis spécifiques, afin que vous puissiez maintenir votre bien-être et votre performance au travail, peu importe les circonstances.


Le stress lié aux délais et aux urgences

Dans cette dernière partie du chapitre, nous allons nous plonger dans l'un des défis les plus courants en milieu professionnel : le stress lié aux délais et aux urgences. Les échéances serrées et les situations d'urgence peuvent provoquer une tension considérable, mais avec les bonnes stratégies, vous pouvez surmonter ces moments stressants et maintenir votre bien-être.

Gestion du temps efficace :

La première étape pour faire face au stress des délais et des urgences est de développer des compétences de gestion du temps efficaces. Cela comprend la capacité à planifier, à organiser vos tâches et à définir des priorités.

Exemple : Gestion du temps efficace

Prenons l'exemple de Sarah, une responsable marketing qui se trouvait souvent débordée par les échéances de projets. Elle a commencé à utiliser des outils de gestion du temps tels que des listes de tâches, des calendriers et des rappels pour mieux organiser son travail. Cette approche lui a permis de respecter les délais tout en réduisant son niveau de stress.

La gestion du stress en temps réel :

Lorsque vous êtes confronté à une situation d'urgence, il est essentiel de maintenir votre calme. La respiration profonde et la focalisation sur la tâche à accomplir peuvent vous aider à éviter de vous sentir submergé.

Exemple : Gestion du stress en temps réel

Imaginez le cas de Pierre, un ingénieur qui travaille dans une entreprise de technologie. Lorsqu'un problème majeur est survenu dans un projet en cours, il a adopté la pratique de la respiration profonde pour se calmer rapidement. Cette technique lui a permis de prendre des décisions éclairées et de résoudre la situation d'urgence de manière efficace.

Savoir demander de l'aide :

Il est important de reconnaître quand vous avez besoin d'aide pour respecter un délai ou gérer une urgence. Ne pas craindre de solliciter l'assistance de collègues ou de supérieurs peut souvent faire la différence entre la réussite et l'échec.

Exemple : Demander de l'aide

Considérons l'exemple de Marc, un gestionnaire de projet confronté à une échéance particulièrement serrée. Au lieu de tenter de tout faire seul, il a sollicité l'aide de membres de son équipe pour accélérer le processus. Cette collaboration a permis de respecter le délai et de réduire le stress de l'équipe.

Le stress lié aux délais et aux urgences est un défi fréquent en milieu professionnel, mais il est gérable avec les bonnes compétences. En développant des compétences de gestion du temps, en gérant le stress en temps réel et en sachant demander de l'aide lorsque nécessaire, vous pouvez maintenir votre bien-être et votre efficacité, même dans les situations les plus exigeantes. Dans les chapitres suivants, nous continuerons à explorer des stratégies pour faire face à d'autres défis spécifiques en milieu professionnel.

## La pression hiérarchique

Dans cette deuxième partie du chapitre, nous allons explorer la manière de faire face à la pression hiérarchique au travail. La relation avec vos supérieurs hiérarchiques peut être une source de stress importante, mais il est possible de développer des compétences pour gérer cette pression de manière constructive.

### Communication efficace :

La communication avec vos supérieurs hiérarchiques joue un rôle essentiel dans la gestion de la pression. Il est important de maintenir une communication ouverte et transparente pour éviter les malentendus et les conflits inutiles.

### Exemple : Communication efficace

Imaginons le cas d'Alexandre, un cadre supérieur qui travaillait avec un supérieur hiérarchique exigeant. Alexandre a appris à organiser des réunions régulières avec son supérieur pour discuter des attentes, des objectifs et des priorités. Cette communication proactive a contribué à réduire la pression et à clarifier les responsabilités.

### Gestion des attentes :

Il est essentiel de bien comprendre les attentes de votre supérieur hiérarchique. Cela signifie poser des questions, demander des retours d'information et vérifier que vous avez une vision claire des objectifs et des priorités.

### Exemple : Gestion des attentes

Considérons l'exemple de Laura, une gestionnaire de projet qui travaillait avec un supérieur hiérarchique exigeant en matière de délais. Elle a régulièrement vérifié les attentes de son supérieur et lui a présenté des mises à jour sur l'avancement des projets. Cette transparence a permis de minimiser les surprises et de maintenir une relation de confiance.

### Équilibre entre respect de soi et responsabilités professionnelles :

Il est essentiel de maintenir un équilibre entre le respect de vos propres limites et l'accomplissement de vos responsabilités professionnelles. Ne pas avoir peur de dire non lorsque cela est nécessaire peut vous aider à prévenir l'épuisement et le surmenage.

### Exemple : Équilibre entre respect de soi et responsabilités professionnelles

Prenons l'exemple de François, un employé qui se trouvait souvent submergé par des demandes de travail excessives. Il a appris à définir des limites claires avec son supérieur et à expliquer quand il avait besoin de temps pour gérer son propre bien-être. Cette approche a permis de préserver sa santé mentale tout en maintenant un haut niveau de performance au travail.

La pression hiérarchique peut être un défi, mais il est possible de la gérer de manière efficace grâce à une communication ouverte, une gestion des attentes adéquate et un équilibre entre le respect de soi et les responsabilités professionnelles. En développant ces compétences, vous pouvez maintenir des relations de travail positives et gérer le stress lié à la pression hiérarchique de manière constructive. Dans les prochaines sections, nous aborderons d'autres situations de stress particulières en milieu professionnel pour vous aider à développer une approche globale de la gestion du stress.

Le stress lié aux changements organisationnels

Dans cette troisième partie du chapitre, nous allons aborder le stress lié aux changements organisationnels en milieu professionnel. Les périodes de transition, telles que les restructurations, les fusions ou les réorganisations, peuvent être particulièrement stressantes. Cependant, avec les bonnes stratégies, vous pouvez non seulement survivre à ces changements, mais aussi prospérer.

Accepter l'incertitude :

L'incertitude est souvent une caractéristique majeure des changements organisationnels. Il est essentiel d'accepter que toutes les réponses ne sont pas immédiatement disponibles et que les choses peuvent évoluer rapidement.

Exemple : Accepter l'incertitude

Prenons l'exemple de Thomas, un employé confronté à une réorganisation majeure au sein de son entreprise. Plutôt que de lutter contre l'incertitude, il a choisi de se concentrer sur ce qu'il pouvait contrôler : sa propre préparation à de nouvelles responsabilités. Cette approche lui a permis de rester adaptable et de minimiser le stress.

Adaptabilité et flexibilité :

Face aux changements organisationnels, l'adaptabilité et la flexibilité sont des compétences cruciales. Être ouvert au changement et capable de vous ajuster rapidement à de nouvelles circonstances peut atténuer le stress.

Exemple : Adaptabilité et flexibilité

Considérons l'exemple de Marie, une gestionnaire qui a vu son équipe subir des changements fréquents de structure et de responsabilités. Elle a encouragé son équipe à développer des compétences d'adaptabilité en organisant des séances de formation sur la gestion du changement. Cela a permis à l'équipe de s'adapter plus facilement aux transitions.

Soutien social :

Pendant les périodes de changement organisationnel, le soutien social peut jouer un rôle crucial. Partager vos préoccupations avec des collègues ou des amis peut vous aider à gérer le stress et à obtenir des perspectives différentes.

Exemple : Soutien social

Imaginons le cas de Lucie, une directrice de projet qui a traversé une période de réorganisation intense. Elle a créé un groupe de soutien informel avec d'autres gestionnaires de projet pour partager leurs expériences et discuter des stratégies pour faire face au changement. Ce groupe leur a offert un espace pour se soutenir mutuellement.

Le stress lié aux changements organisationnels peut être géré grâce à l'acceptation de l'incertitude, à l'adaptabilité, à la flexibilité et au soutien social. En développant ces compétences, vous pouvez non seulement survivre à ces périodes de transition, mais aussi en sortir plus fort, avec une meilleure capacité à gérer le changement et le stress. Dans les chapitres suivants, nous aborderons d'autres défis spécifiques en milieu professionnel pour vous aider à développer une approche globale de la gestion du stress.

Le harcèlement au travail
Dans cette quatrième partie du chapitre, nous allons aborder l'une des situations de stress les plus délicates en milieu professionnel : le harcèlement au travail. Le harcèlement peut avoir des conséquences graves sur la santé mentale et émotionnelle des employés, mais il existe des moyens de faire face à cette situation difficile et de la résoudre de manière efficace.

Reconnaître les signes de harcèlement :

La première étape pour faire face au harcèlement est de reconnaître les signes. Le harcèlement peut être verbal, comportemental ou psychologique, et il peut prendre de nombreuses formes. Il est essentiel d'être conscient des signes pour agir rapidement.

Exemple : Reconnaître les signes de harcèlement

Imaginons le cas de Sophie, une employée qui commençait à se sentir isolée et maltraitée par un collègue. Elle a commencé à noter les incidents et à les partager avec sa responsable des ressources humaines, ce qui a conduit à une enquête sur la situation de harcèlement.

Utilisation des canaux de signalement :

Si vous êtes victime de harcèlement, il est crucial d'utiliser les canaux de signalement appropriés au sein de votre organisation. Cela peut inclure la divulgation à votre supérieur, au service des ressources humaines ou à un conseiller en ressources humaines.

Exemple : Utilisation des canaux de signalement

Considérons l'exemple de Paul, un employé confronté à des commentaires inappropriés de la part d'un supérieur hiérarchique. Il a utilisé le canal de signalement interne de l'entreprise pour signaler le comportement, ce qui a déclenché une enquête et des mesures appropriées.
Obtenir un soutien externe :
Dans certaines situations de harcèlement, il peut être nécessaire d'obtenir un soutien externe, tel que consulter un avocat ou contacter une organisation spécialisée dans la prévention du harcèlement.

Exemple : Obtenir un soutien externe

Prenons l'exemple de Thomas, un employé qui a été victime de harcèlement systématique de la part de plusieurs collègues. Il a décidé de consulter un avocat en droit du travail pour obtenir des conseils sur la manière de protéger ses droits.

Le harcèlement au travail est une situation sérieuse qui nécessite une action rapide. Reconnaître les signes, utiliser les canaux de signalement appropriés et obtenir un soutien externe lorsque nécessaire sont des étapes essentielles pour faire face au harcèlement et protéger votre bien-être. Dans les chapitres suivants, nous continuerons à explorer des stratégies pour faire face à d'autres défis spécifiques en milieu professionnel.

Chapitre 8 : La Création d'un Environnement de Travail Sain

Dans ce nouveau chapitre, nous allons explorer un aspect fondamental de la gestion du stress en milieu professionnel : la création d'un environnement de travail sain. Nous aborderons plusieurs éléments clés qui contribuent à un environnement favorable à la santé mentale et au bien-être des employés.

L'importance de la culture d'entreprise :

La culture d'entreprise joue un rôle central dans la gestion du stress. Une culture qui valorise la communication ouverte, la reconnaissance des réalisations et le soutien mutuel entre les membres de l'équipe peut créer un environnement où les employés se sentent plus à l'aise et moins stressés.

Exemple : Culture d'entreprise favorable

Prenons l'exemple de l'entreprise "Bien-Être & Co." qui met en avant la santé mentale de ses employés. Ils ont mis en place des programmes de sensibilisation au stress, des ateliers sur la gestion du temps et des politiques de flexibilité pour favoriser un meilleur équilibre travail-vie personnelle.

Le rôle des employeurs dans la gestion du stress :

Les employeurs jouent un rôle crucial dans la gestion du stress de leurs employés. Ils doivent non seulement reconnaître l'impact du stress sur la performance, mais aussi mettre en place des mesures proactives pour le prévenir.

Exemple : Rôle des employeurs

Imaginons une entreprise dirigée par Martin, un PDG soucieux du bien-être de ses employés. Il a instauré des séances régulières de feedback et des enquêtes sur la satisfaction des employés pour identifier les sources de stress et mettre en œuvre des solutions adaptées.

Encourager l'équilibre travail-vie personnelle :

L'équilibre travail-vie personnelle est essentiel pour réduire le stress. Les employeurs peuvent soutenir cet équilibre en offrant des horaires flexibles, des congés payés et des avantages axés sur la santé mentale.

Exemple : Équilibre travail-vie personnelle

Considérons le cas de Sarah, une employée qui a pu réduire son stress grâce à la politique de travail à distance de son entreprise. Cette flexibilité lui a permis de mieux gérer son temps et d'accorder plus d'attention à sa vie personnelle.

Les politiques de soutien aux employés :

Enfin, les entreprises peuvent mettre en place des politiques de soutien aux employés, telles que des programmes d'aide aux employés (PAE) ou des services de conseil en santé mentale, pour offrir des ressources aux employés confrontés au stress.

Exemple : Politiques de soutien aux employés

Imaginez une entreprise qui a mis en place un PAE qui offre un soutien professionnel en matière de gestion du stress et d'équilibre travail-vie personnelle. Les employés peuvent accéder à des séances de conseil confidentielles pour obtenir de l'aide en cas de difficultés.

La création d'un environnement de travail sain repose sur la culture d'entreprise, le rôle actif des employeurs, la promotion de l'équilibre travail-vie personnelle et la mise en place de politiques de soutien aux employés. En mettant en œuvre ces éléments, les organisations peuvent contribuer de manière significative à la gestion du stress en milieu professionnel et favoriser le bien-être de leurs employés. Dans les chapitres à venir, nous continuerons à explorer des stratégies pour améliorer votre gestion du stress au travail.

L'importance de la culture d'entreprise

Dans cette première partie du chapitre, nous allons explorer en profondeur l'importance de la culture d'entreprise dans la gestion du stress en milieu professionnel. La culture d'entreprise représente l'ensemble des valeurs, des croyances, des attitudes et des normes qui façonnent la manière dont une organisation fonctionne. Une culture d'entreprise positive et favorable au bien-être des employés peut être un atout essentiel pour réduire le stress au travail.

La culture d'entreprise et le stress :

Une culture d'entreprise qui valorise la santé mentale de ses employés crée un environnement où le stress est mieux géré. Elle encourage la communication ouverte, la reconnaissance des efforts et le soutien mutuel entre les membres de l'équipe.

Exemple : Culture d'entreprise favorable

Prenons l'exemple de l'entreprise "Bien-Être & Co.", une entreprise de technologie qui a mis en place une culture d'entreprise axée sur le bien-être mental de ses employés. Les dirigeants de cette entreprise ont instauré des programmes de sensibilisation au stress, des séances de méditation guidée et des ateliers sur la gestion du temps. En valorisant le bien-être, l'entreprise a créé un environnement où les employés se sentent soutenus et moins stressés.

Les éléments clés d'une culture d'entreprise favorable :

- Communication ouverte et transparente : Une culture qui encourage les employés à exprimer leurs préoccupations, à poser des questions et à partager leurs idées peut réduire les malentendus et les tensions.

- Reconnaissance et récompenses : Reconnaître les réalisations des employés et les récompenser pour leur contribution favorise un sentiment d'appartenance et de valorisation.

- Soutien mutuel : Les relations positives entre collègues et la collaboration sont essentielles pour réduire le stress. Une culture qui encourage le soutien mutuel peut aider les employés à surmonter les défis.

- Leadership exemplaire :Les dirigeants jouent un rôle crucial dans la création de la culture d'entreprise. Lorsqu'ils montrent l'exemple en matière de bien-être mental, les employés sont plus enclins à suivre.

Favoriser une culture d'entreprise positive :

Si vous êtes un dirigeant ou un employé souhaitant promouvoir une culture d'entreprise positive, il est essentiel de commencer par des petits changements. Encouragez la communication ouverte, reconnaissez les succès, et montrez que le bien-être mental est une priorité. Ces actions peuvent avoir un impact significatif sur la réduction du stress au sein de votre organisation.

En conclusion, une culture d'entreprise favorable au bien-être mental peut jouer un rôle majeur dans la gestion du stress en milieu professionnel. Elle crée un environnement où les employés se sentent soutenus, valorisés et mieux équipés pour faire face aux défis du travail. Dans les parties suivantes de ce chapitre, nous continuerons à explorer d'autres aspects de la création d'un environnement de travail sain.

Le rôle des employeurs dans la gestion du stress

Dans cette deuxième partie du chapitre, nous allons explorer le rôle crucial des employeurs dans la gestion du stress en milieu professionnel. Les employeurs jouent un rôle central dans la création d'un environnement de travail sain, où les employés peuvent évoluer de manière épanouissante tout en minimisant leur stress.

La reconnaissance de l'impact du stress sur la performance :

Tout d'abord, il est essentiel que les employeurs reconnaissent l'impact du stress sur la performance au travail. Le stress excessif peut entraîner une baisse de productivité, des erreurs fréquentes et une augmentation de l'absentéisme.
Exemple : Reconnaissance de l'impact du stress

Imaginons le cas de l'entreprise "Santé & Énergie", qui a réalisé que le stress non géré de ses employés avait entraîné une augmentation des congés maladie. Cette reconnaissance a incité l'entreprise à prendre des mesures pour aider ses employés à mieux gérer leur stress.

La mise en place de mesures proactives :

Les employeurs ont la responsabilité de mettre en place des mesures proactives pour prévenir le stress. Cela peut inclure la fourniture de ressources pour la gestion du stress, la promotion de l'équilibre travail-vie personnelle et la réduction des sources de stress organisationnel.

Exemple : Mesures proactives

Prenons l'exemple de la société "Équilibre & Harmonie", qui offre à ses employés un accès gratuit à des séances de méditation, des cours de yoga en ligne et des ateliers de gestion du stress. Cette initiative proactive vise à aider les employés à mieux gérer leur stress.

L'encouragement de la formation en gestion du stress :

Les employeurs peuvent également encourager leurs employés à participer à des programmes de formation en gestion du stress. Ces programmes fournissent aux employés des outils et des techniques pour faire face au stress de manière plus efficace.

Exemple : Formation en gestion du stress

Considérons le cas de Maria, une employée de longue date dans une entreprise qui a récemment commencé à ressentir des niveaux élevés de stress. Son employeur lui a suggéré de participer à un programme de gestion du stress offert par l'entreprise, ce qui lui a permis d'apprendre des stratégies pour mieux gérer son stress.

La promotion de l'équilibre travail-vie personnelle :

Enfin, les employeurs peuvent promouvoir l'équilibre travail-vie personnelle en offrant des horaires flexibles, des congés payés et des avantages axés sur la santé mentale.

Exemple : Promotion de l'équilibre travail-vie personnelle

Imaginez une entreprise qui encourage ses employés à prendre des pauses régulières pendant la journée de travail et à utiliser leur temps libre de manière équilibrée. Cette politique vise à réduire le stress en permettant aux employés de se ressourcer.

Les employeurs jouent un rôle crucial dans la gestion du stress en milieu professionnel. Reconnaître l'impact du stress sur la performance, mettre en place des mesures proactives, encourager la formation en gestion du stress et promouvoir l'équilibre travail-vie personnelle sont autant d'actions qui contribuent à créer un environnement de travail sain et à soutenir le bien-être mental des employés. Dans les parties suivantes de ce chapitre, nous continuerons à explorer d'autres stratégies pour améliorer la gestion du stress au travail.

## Encourager l'équilibre travail-vie personnelle

Dans cette troisième partie du chapitre, nous allons explorer en détail l'importance d'encourager l'équilibre entre le travail et la vie personnelle pour la gestion du stress en milieu professionnel. Cet équilibre est essentiel pour le bien-être mental des employés et la réduction du stress.

L'importance de l'équilibre travail-vie personnelle :

L'équilibre entre le travail et la vie personnelle se révèle être un pilier essentiel pour réduire le stress. Lorsque les employés peuvent consacrer du temps à leurs intérêts personnels, à leur famille et à leurs activités en dehors du travail, cela contribue à leur santé mentale globale.

Exemple : Équilibre travail-vie personnelle

Considérons le cas d'Alexandre, un employé dans une entreprise de services financiers. Alexandre travaillait de longues heures et avait peu de temps pour sa famille et ses loisirs. Cela a entraîné un stress chronique. Lorsque son employeur a mis en place une politique de travail à domicile, cela a permis à Alexandre de passer plus de temps avec sa famille et de participer à des activités qui lui tenaient à cœur, ce qui a contribué à réduire son stress.

Les avantages de l'équilibre travail-vie personnelle :

- Réduction du stress : L'équilibre travail-vie personnelle permet aux employés de se ressourcer, de réduire le stress accumulé au travail et de revenir au travail plus frais et plus concentrés.

- Amélioration de la santé mentale : Les employés qui ont un équilibre sain entre le travail et la vie personnelle sont moins susceptibles de développer des problèmes de santé mentale tels que l'anxiété et la dépression.

- Augmentation de la satisfaction au travail : Les employés qui peuvent gérer leur temps et consacrer du temps à leurs intérêts personnels sont plus satisfaits de leur travail et plus engagés.

Stratégies pour encourager l'équilibre travail-vie personnelle :

- Horaires flexibles : Offrir des horaires de travail flexibles permet aux employés de mieux gérer leur temps en fonction de leurs besoins personnels.

- Congés payés et jours de congé : Accorder des congés payés et des jours de congé encourage les employés à prendre des pauses nécessaires pour se ressourcer.

- Politiques de travail à distance : Les politiques de travail à distance permettent aux employés de travailler depuis un endroit de leur choix, ce qui peut améliorer leur équilibre travail-vie personnelle.

- Programmes de bien-être : Mettre en place des programmes de bien-être qui encouragent la méditation, le yoga et d'autres activités axées sur la détente.

Exemple : Programme de bien-être

Imaginons une entreprise qui organise des séances hebdomadaires de méditation guidée pendant la pause déjeuner. Les employés sont encouragés à participer pour se détendre et recharger leurs batteries.

Encourager l'équilibre entre le travail et la vie personnelle est une étape cruciale pour la gestion du stress en milieu professionnel. Les employeurs peuvent jouer un rôle essentiel en mettant en place des politiques et des avantages qui soutiennent cet équilibre. Dans les parties suivantes de ce chapitre, nous continuerons à explorer d'autres stratégies pour créer un environnement de travail sain et favoriser le bien-être mental des employés.

Les politiques de soutien aux employés

Dans cette dernière partie du chapitre, nous allons explorer l'importance des politiques de soutien aux employés pour la gestion du stress en milieu professionnel. Ces politiques sont des éléments clés pour créer un environnement de travail sain qui favorise le bien-être mental des employés.

Le soutien aux employés : une priorité

Les employeurs ont la responsabilité de mettre en place des politiques de soutien aux employés qui reconnaissent les défis liés au stress en milieu professionnel. Ces politiques visent à offrir un filet de sécurité aux employés qui font face à des situations stressantes.

Exemple : Politiques de soutien aux employés

Prenons l'exemple de la société "Innovation & Épanouissement". Lorsqu'un employé a été confronté à un deuil personnel, l'entreprise a mis en place une politique qui lui a permis de prendre un congé payé pour faire face à sa perte. Cette politique a permis à l'employé de recevoir le soutien nécessaire sans avoir à se soucier de problèmes financiers supplémentaires.

Les avantages des politiques de soutien aux employés :

- Réduction du stress : Ces politiques offrent un soutien tangible aux employés qui traversent des moments difficiles, réduisant ainsi leur niveau de stress.

- Amélioration de la rétention des employés : Les politiques de soutien aux employés montrent que l'entreprise se soucie du bien-être de ses employés, ce qui peut renforcer la fidélité à l'entreprise.

- Promotion d'une culture de compassion : Ces politiques contribuent à créer une culture d'entreprise axée sur la compassion, où les employés se sentent soutenus et valorisés.

Exemples de politiques de soutien aux employés :

- Programmes d'aide aux employés (PAE) : Offrir un accès à des professionnels de la santé mentale qui peuvent aider les employés à faire face au stress, à la dépression ou à d'autres problèmes de santé mentale.

- Congés de maladie payés : Fournir des jours de congé de maladie payés pour que les employés puissent prendre le temps de se rétablir sans subir de pression financière.

- Formation en gestion du stress : Organiser des sessions de formation en gestion du stress pour doter les employés d'outils et de compétences pour faire face au stress.

- Lignes directrices pour la communication : Établir des lignes directrices claires sur la communication en cas de conflits ou de situations stressantes.

En conclusion, les politiques de soutien aux employés jouent un rôle crucial dans la gestion du stress en milieu professionnel. Les employeurs peuvent montrer leur engagement envers le bien-être mental de leurs employés en mettant en place ces politiques et en créant un environnement de travail qui favorise la santé mentale. Dans les chapitres suivants de ce livre, nous explorerons davantage de stratégies pour aider les employés à gérer le stress au travail et à cultiver un équilibre sain entre leur vie professionnelle et personnelle.

Chapitre 9 : La Croissance Professionnelle et la Gestion du Stress

Dans ce nouveau chapitre, nous allons explorer un aspect essentiel de la gestion du stress en milieu professionnel : la croissance professionnelle. L'épanouissement au travail et la réalisation de ses objectifs de carrière sont des éléments clés pour réduire le stress et cultiver un environnement de travail sain.

L'importance du développement professionnel :

Le désir de grandir professionnellement, d'acquérir de nouvelles compétences et de progresser dans sa carrière est une source de motivation pour de nombreux employés. Lorsque cet aspect est bien géré, il peut devenir un allié précieux dans la gestion du stress.

Exemple : L'importance du développement professionnel

Prenons l'exemple de Marie, une jeune professionnelle dans le domaine de la finance. Elle avait toujours rêvé d'occuper un poste de gestionnaire, mais elle se sentait submergée par le stress lié à ses responsabilités actuelles. Après avoir suivi une formation en gestion du temps et en leadership, elle a pu obtenir une promotion et a ressenti une diminution significative de son stress, car elle se sentait plus compétente dans son nouveau rôle.

Fixer des objectifs de carrière réalistes :

Lorsqu'il s'agit de croissance professionnelle, il est essentiel de fixer des objectifs de carrière réalistes. Cela signifie prendre en compte ses compétences actuelles, ses ressources et les opportunités disponibles. Fixer des objectifs réalisables permet d'éviter la frustration et le stress liés à des attentes démesurées.

Exemple : Fixer des objectifs de carrière réalistes

Imaginons un employé, Pierre, qui travaille dans le domaine de la publicité. Il rêve de devenir directeur créatif, mais il sait qu'il doit acquérir davantage d'expérience en gestion d'équipe. Au lieu de viser immédiatement le poste de directeur créatif, il se fixe comme objectif de devenir chef de projet d'abord, ce qui lui permettra d'acquérir les compétences nécessaires pour atteindre son objectif à long terme.

L'apprentissage continu pour réduire le stress lié à l'incertitude :

L'incertitude est souvent une source majeure de stress au travail, surtout dans un monde en constante évolution. L'apprentissage continu et l'acquisition de nouvelles compétences permettent aux employés de se sentir mieux préparés à faire face aux changements et à l'incertitude.

Exemple : L'apprentissage continu

Considérons une entreprise de technologie qui encourage ses employés à suivre des cours en ligne pour rester à jour avec les dernières avancées technologiques. Les employés se sentent ainsi plus confiants dans leur capacité à s'adapter aux changements rapides de l'industrie.

La croissance professionnelle est un élément clé de la gestion du stress en milieu professionnel. En fixant des objectifs de carrière réalistes et en poursuivant un apprentissage continu, les employés peuvent non seulement réduire leur stress, mais aussi s'épanouir dans leur vie professionnelle. Dans les sections suivantes de ce chapitre, nous explorerons des stratégies pratiques pour favoriser le développement professionnel et réduire le stress lié à la carrière.

L'importance du développement professionnel

L'épanouissement au travail est un objectif partagé par de nombreux individus. Pour certains, cela signifie gravir les échelons de l'entreprise, pour d'autres, c'est la quête de nouvelles compétences et de défis. Dans cette première partie, nous allons explorer en détail l'importance du développement professionnel pour la gestion du stress en milieu professionnel.

La réalisation de soi au travail :

Pour beaucoup, le travail est bien plus qu'une simple source de revenus. Il est également un moyen d'exprimer son potentiel, de se sentir utile et d'atteindre ses objectifs personnels. Ainsi, le développement professionnel est étroitement lié à la réalisation de soi.

Exemple : L'importance du développement professionnel

Prenons l'exemple de Sarah, une enseignante passionnée. Au fil des années, elle a suivi des formations pour améliorer ses compétences pédagogiques et a obtenu un poste de formatrice en éducation. Cette progression professionnelle lui a apporté une satisfaction personnelle considérable et lui a permis de mieux gérer le stress lié à son travail.

La stimulation mentale et l'engagement :

Le développement professionnel implique souvent d'apprendre de nouvelles compétences, d'acquérir des connaissances et de relever de nouveaux défis. Cette stimulation mentale et cet engagement actif dans son travail sont des éléments clés pour réduire le stress.

Exemple : Stimulation mentale et engagement

Considérons un ingénieur logiciel, David, qui a eu l'opportunité de travailler sur un projet innovant. Bien que cela ait représenté un défi majeur, il a apprécié l'opportunité d'apprendre de nouvelles technologies et d'apporter une contribution significative au projet. Cette expérience l'a aidé à canaliser son énergie et à minimiser le stress quotidien.

La gestion du stress par le développement professionnel :

Le développement professionnel peut être une stratégie efficace pour gérer le stress en milieu professionnel. En se fixant des objectifs professionnels, en cherchant à s'améliorer et en relevant des défis, les employés peuvent trouver un équilibre entre leur désir de croissance et la réduction du stress.

Exemple : Gestion du stress par le développement professionnel

Imaginez un entrepreneur, Maxime, qui a fondé sa propre entreprise. Les défis de la gestion d'une start-up sont nombreux, mais Maxime a suivi des cours de gestion d'entreprise et de leadership pour mieux gérer les pressions liées à son rôle. Cette approche proactive lui a permis de maintenir sa passion pour son travail tout en réduisant son stress.

Le développement professionnel revêt une grande importance pour la gestion du stress en milieu professionnel. Il peut contribuer à la réalisation de soi, à la stimulation mentale, à l'engagement au travail et à la gestion proactive du stress. Dans les sections suivantes de ce chapitre, nous explorerons comment fixer des objectifs de carrière réalistes et comment l'apprentissage continu peut aider à réduire le stress lié à l'incertitude professionnelle.

Fixer des objectifs de carrière réalistes

Dans cette deuxième partie, nous allons explorer l'importance cruciale de fixer des objectifs de carrière réalistes pour réduire le stress au travail. L'établissement d'objectifs clairs et réalisables est un élément essentiel pour guider notre chemin professionnel sans sacrifier notre bien-être mental.

L'importance de la clarté des objectifs :

Fixer des objectifs de carrière clairs est comme tracer une carte pour atteindre un trésor. Cela nous donne un but à poursuivre, une direction à suivre, et cela renforce notre motivation. Des objectifs bien définis peuvent réduire le stress lié à l'incertitude et à la confusion.

Exemple : L'importance de la clarté des objectifs

Imaginons Laura, une infirmière qui souhaite évoluer dans sa carrière. Plutôt que de simplement dire qu'elle veut "progresser", elle se fixe un objectif spécifique : obtenir une certification en soins intensifs. Ce but clair lui permet de suivre un plan d'action et de travailler vers son objectif avec moins de stress.

La notion de réalisme dans la fixation des objectifs :

Lorsqu'il s'agit de carrière, il est crucial d'être réaliste. Fixer des objectifs irréalisables peut entraîner de la frustration, du stress et même un sentiment d'échec. Des objectifs réalistes sont ceux qui tiennent compte de nos compétences actuelles, de nos ressources et des opportunités du moment.

Exemple : Objectifs réalistes

Prenons le cas de Julien, un professionnel de la finance. Bien qu'il aspire à devenir directeur financier un jour, il sait qu'il a besoin de quelques années d'expérience en gestion d'équipe pour y parvenir. Plutôt que de viser ce poste immédiatement, il fixe un objectif intermédiaire réaliste : devenir chef comptable, ce qui lui permettra d'acquérir les compétences nécessaires pour sa future promotion.

La flexibilité dans la poursuite des objectifs :

Il est important de se rappeler que nos objectifs de carrière peuvent évoluer avec le temps, tout comme notre situation personnelle et professionnelle. La flexibilité dans la poursuite de nos objectifs nous permet de nous adapter aux circonstances changeantes, ce qui réduit le stress lié à la rigidité.

Exemple : Flexibilité dans les objectifs

Considérons Paul, un ingénieur qui avait toujours rêvé de travailler à l'étranger. Cependant, en raison de circonstances familiales imprévues, il a dû revoir ses objectifs à la baisse. Au lieu de considérer cela comme un échec, il a adapté son plan de carrière pour rester près de sa famille, ce qui a considérablement réduit son stress.

Fixer des objectifs de carrière réalistes est un élément clé de la gestion du stress en milieu professionnel. Cela offre de la clarté, favorise la réalisation personnelle et permet de s'adapter aux changements. Dans les sections suivantes de ce chapitre, nous explorerons comment l'apprentissage continu peut aider à réduire le stress lié à l'incertitude professionnelle.

L'apprentissage continu pour réduire le stress lié à l'incertitude

Dans cette dernière partie du chapitre, nous explorerons comment l'apprentissage continu peut être une stratégie puissante pour réduire le stress lié à l'incertitude professionnelle. Le monde du travail évolue constamment, et il est essentiel de rester agile et prêt à s'adapter.

L'adaptation au changement :

L'incertitude professionnelle peut surgir lorsque nous sommes confrontés à des changements dans notre secteur ou notre domaine de travail. Cependant, l'apprentissage continu nous permet d'acquérir de nouvelles compétences et de rester pertinents dans un monde en mutation rapide.

Exemple : Adaptation au changement

Imaginez Marie, une graphiste qui a constaté que la demande pour les médias sociaux était en hausse. Plutôt que de s'inquiéter de l'obsolescence de ses compétences, elle a suivi des cours en ligne pour maîtriser la conception de médias sociaux. Cette adaptation proactive lui a ouvert de nouvelles opportunités professionnelles.

La confiance en soi et la réduction du stress :

L'apprentissage continu renforce également notre confiance en nous. Plus nous acquérons de connaissances et de compétences, plus nous nous sentons capables de faire face à l'incertitude. Cette confiance en soi accrue peut réduire le stress lié à l'avenir professionnel.

Exemple : Confiance en soi accrue

Considérons Pierre, un gestionnaire de projet. En suivant des formations en gestion du changement, il a gagné en confiance pour diriger son équipe à travers des périodes de transition. Cette confiance lui a permis de gérer les défis avec moins de stress.

La curiosité et la motivation :

L'apprentissage continu nourrit également notre curiosité et notre motivation. Cela nous encourage à rester engagés dans notre carrière, à rechercher de nouvelles opportunités et à maintenir un sentiment de progrès, ce qui peut réduire le stress lié à la stagnation.

Exemple : Curiosité et motivation

Prenons l'exemple de Carlos, un chercheur scientifique. Sa curiosité insatiable l'a poussé à explorer de nouvelles voies de recherche, même lorsque ses projets actuels semblaient stagner. Cette approche proactive l'a aidé à maintenir son enthousiasme et à gérer le stress de la recherche.

En conclusion, l'apprentissage continu est une ressource précieuse pour réduire le stress lié à l'incertitude professionnelle. Il nous permet de nous adapter au changement, d'accroître notre confiance en nous, de nourrir notre curiosité et de maintenir notre motivation. Dans l'ensemble, il s'agit d'une stratégie puissante pour une croissance professionnelle durable et une gestion efficace du stress au travail.

Conclusion : Réduire le Stress au Travail et S'épanouir

En parcourant ce livre, nous avons exploré en profondeur les différentes facettes de la gestion du stress en milieu professionnel. Nous avons compris que le stress au travail est une réalité omniprésente, mais qu'il peut être géré de manière efficace grâce à des stratégies pratiques et des approches bienveillantes.

Récapitulation des Principaux Points du Livre :

Nous avons commencé par comprendre l'importance de la gestion du stress en milieu professionnel, en explorant ses causes, ses conséquences sur la santé et la performance, ainsi que son impact sur la vie personnelle. Nous avons souligné l'importance de reconnaître les signes de stress et de rechercher un équilibre entre le stress positif et négatif. Nous avons également exploré le lien entre le stress et les émotions.

Dans la deuxième partie, nous avons examiné les bases de la gestion du stress, en mettant en avant l'importance de la prise de conscience. Nous avons appris à identifier les signes de stress et à comprendre comment équilibrer le stress positif et négatif, ainsi que le lien entre le stress et les émotions.

Le chapitre 3 nous a permis d'explorer comment établir des fondations solides pour gérer le stress en mettant l'accent sur la planification, la fixation d'objectifs réalistes, la gestion du temps et des priorités, ainsi que la communication efficace.

Le chapitre 4 a mis en lumière la gestion des émotions, en soulignant l'importance de la régulation émotionnelle, les techniques de gestion émotionnelle, la gestion de la colère, de la frustration et de l'anxiété, ainsi que la culture de la résilience émotionnelle.

Le chapitre 5 a examiné la gestion des relations interpersonnelles, en explorant l'impact des relations de travail sur le stress, la résolution des conflits et la communication positive, ainsi que le soutien social au travail.

Dans le chapitre 6, nous avons découvert comment gérer le stress sur le plan physique, en soulignant l'importance de la santé physique, de l'activité physique, du sommeil et de la nutrition, ainsi que de la relaxation et de la méditation.

Le chapitre 7 nous a appris à faire face à des situations de stress particulières, telles que les délais et les urgences, la pression hiérarchique, les changements organisationnels et le harcèlement au travail.

Le chapitre 8 nous a fait comprendre comment créer un environnement de travail sain en mettant en avant l'importance de la culture d'entreprise, le rôle des employeurs dans la gestion du stress, l'encouragement de l'équilibre travail-vie personnelle et les politiques de soutien aux employés.

Le chapitre 9 a souligné l'importance du développement professionnel, la fixation d'objectifs de carrière réalistes et l'apprentissage continu pour réduire le stress lié à l'incertitude professionnelle.

Le savoir que vous avez acquis au fil de ces pages n'a de valeur que s'il est mis en pratique. Je vous encourage à intégrer les conseils et les techniques présentés dans votre vie professionnelle. Chaque petit pas que vous ferez vers une meilleure gestion du stress contribuera à votre bien-être et à votre épanouissement au travail.

Rappelez-vous toujours que vous avez le pouvoir de prendre le contrôle de votre stress au travail. Le chemin vers une vie professionnelle épanouissante commence par des choix conscients et des actions positives. Chaque jour, vous avez l'occasion de créer un environnement de travail plus sain pour vous-même et pour les autres.

Pour approfondir vos connaissances et continuer votre parcours vers une gestion du stress plus efficace, je vous encourage à explorer les ressources supplémentaires que vous trouverez à la fin de ce livre. Les livres, les formations, les groupes de soutien et les professionnels de la santé mentale sont des ressources précieuses pour vous accompagner dans votre démarche.

En fin de compte, je tiens à vous remercier d'avoir choisi ce livre pour explorer la gestion du stress en milieu professionnel. Votre bien-être et votre épanouissement au travail sont des objectifs valables et atteignables. N'oubliez jamais que vous méritez de travailler dans un environnement qui favorise la santé mentale et le succès professionnel. Je vous souhaite un avenir professionnel épanouissant et sans stress.